U0079574

江恩

William Delbert Gann

角度K線

華爾街交易成功率 90％ 的投資傳奇

用166張K線圖教你

看出支撐與壓力，抓住波段買賣點，暴賺 5000 萬美元！

楊金◎著

Contents

<u>前　言</u>

100 億資金經理人化繁為簡，教你勝率 90% 的江恩理論

股市充滿著財富爆炸的神話，同時蘊藏巨大風險。在股市的茫茫大海中，投資者掌舵前行，但對於前進的方向往往不是那麼確定。如果方向錯誤、偏離航道，即使再努力也無法成功。如果方向正確、逐浪前行，前景將一片光明。

尋找正確預測市場的方法是每位投資者孜孜學習的初衷，但相關的理論與方法如同大海一樣深廣，投資者只能選擇性地學習核心且實用的經典理論。它們無疑是打開預測之門的一把鑰匙，因為股市的預測方法是萬變不離其宗。

經典理論是整個技術分析大廈的根基，其中最具開創性的當屬道氏理論，它系統性地闡述趨勢行進的規律，打開技術分析之門，波浪理論則進一步闡述趨勢行進的細節。雖然這兩種理論很重要，只可惜對實戰的指導卻相對薄弱。

江恩理論緊隨其後，不過與道氏理論、波浪理論有著本質上的區別——它克服傳統技術理論枯燥、單調的缺點，更貼近實戰操作。威廉江恩（William D. Gann）是數學博士，也是技術分析師，更是創造交易奇蹟的投資者，他綜合運用數學、幾何學、天文學，建立與眾不同的市場預測理論和分析方法。

將精確的幾何學與變幻莫測的金融市場結合，是令人稱奇的創舉，但新奇不等於實用，如果江恩理論華而不實，或許早已沉入歷史長河之中，然而江恩運用他獨創的技術理論與交易技巧，一生中從股票及期貨市場賺取驚人財富。

江恩的交易成功率超過80%，不論在當時或今日的市場都是傳奇。可以

說，江恩理論之所以備受推崇，是他的投資生涯與技術理論相互輝映的結果（編按：1909年江恩在美國《The Ticker and Investment Digest》雜誌人員的監察下，在10月份的25個交易日進行286次交易，其中264次獲利，成功率高達92.3%）。

江恩的神祕之處，在於他能準確提出交易的價位與時間，不像大多數投資者泛泛而談。江恩的預測方法有極高的準確性，不存在模糊、模棱兩可的推斷。只要依據其方法進行預測，就會得到精確的結果，包含既定的時間範圍和價格空間。

這類具有精確特性的預測方法其實很容易被淘汰，因為只要出現幾次嚴重錯誤，或是正確率較低，就會被否定存在的意義。江恩理論經歷長久的市場檢驗之後，仍然屹立不搖，足見其準確性，這也是後來眾多投資者推崇江恩理論的重要原因之一。

儘管如此，投資者必須知道，既然是預測，總會有出錯的時候，所以江恩理論不可能保證百分之百準確無誤。因此，除了建立市場預測理論之外，江恩為了修正預測可能出現的偏差，還建立一套操作守則，以便在預測出錯時及時補救。

這也是江恩理論的獨特之處，既有預測價格走向的系統，也有修正錯誤的策略。市場預測理論猶如尋寶圖，操作守則可以幫助投資者避開前方的陷阱，兩者構成江恩理論的核心框架，缺一不可，本書將詳細講解這些內容。

江恩在數學方面的專業研究，令其理論艱澀難懂，對大多數人來說不易理解。由於江恩從未詳細公開自己預測市場的方法，而且他的著作在講解相關內容時也常常含糊不清、歧義叢生，因此後人對江恩理論的研究都是從他的書稿中揣摩而來，光是波動率的正確演算方法，就讓大多數的專業投資者傷透腦筋，每個人的解讀也不盡相同，更別說更深奧的六角形、輪中之輪等內容。

由於江恩理論過於廣泛，其中涉及高深數學知識的內容難以實戰應用，因此沒有必要花費大量時間去深究。本書在論述江恩理論的過程中，主要講解能指導實戰操作的內容，包括趨勢理論、角度線、波動法則、回檔法則等，並結合股市實例進行解讀，幫助讀者快速掌握江恩理論當中最核心的市場預測理論與操作守則。

　　本書深入淺出、案例豐富、實戰性強，既適合投資新手，也適合有一定交易經驗的投資者，還可以作為技術分析者查詢、學習江恩理論相關內容的參考資料。雖然我研究江恩理論多年，但書中內容難免存在不妥之處，還望讀者批評指正。

第 1 章

為何江恩能創造投資傳奇，獲利5千萬美元？

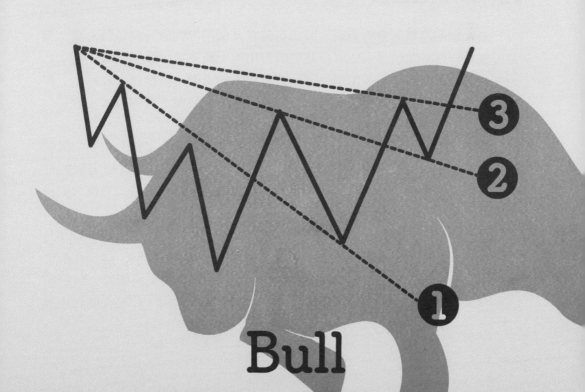

Bull

1-1 江恩說：想踏入股市， 先看懂市場內在的特性

　　股市並非風平浪靜、四平八穩，創造財富之路也非緩慢增值的過程。活躍的市場與各具獨立走勢的個股，都顯示股市能令人快速獲利的跡象，因此，對於進場的投資者來說，了解市場的千變萬化和個股的差異性，實在是至關重要。江恩理論的操作守則提出一些關於市場特性的描述，我們將在本節中結合實際個股的走勢加以講解。

▌市場的快速上漲

　　有經驗的投資者常會發現：股市可能在某個階段開啟一波強勢上漲，勢頭凌厲且持續時間較長，或者在某個階段出現一波下跌，跌勢迅猛、幅度巨大。總而言之，市場可能出現快速向上或向下的走勢，對投資者來說，了解這種市場特性至關重要。很多時候看似風平浪靜、波瀾不驚的市場，會在一瞬間就展開一波快速漲跌走勢。

　　江恩理論將市場的快速上漲特徵，列入投資者最應先了解的市場知識體系。這一方面強調股市的機會性，另一方面也提醒投資者要打破思維的框架，對於市場運作要抱持跳躍性思維，不能因為市場暫時平穩而忽視它的快速上漲特徵，那無疑會使投資者失去機會。

　　圖1-1為上海證券交易所股票價格綜合指數（簡稱上證指數）2018年6月至2019年5月的走勢圖。股市在整個2018年呈現震盪下跌格局，隨後在低位止穩。2019年2月11日，在春節後的首個交易日，股市收於長陽線，隨後開始快速上漲，幅度巨大、勢頭凌厲，一改之前的弱勢格局。如果我們將思維

圖1-1　上證指數2018年6月至2019年5月走勢圖

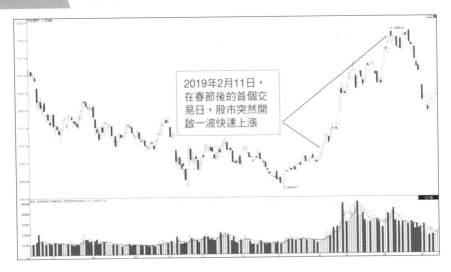

2019年2月11日,在春節後的首個交易日,股市突然開啟一波快速上漲

局限於2018年的弱勢格局中,就很難提前預測可能出現的快速上漲行情。

市場的快速下跌

有快速上漲就有快速下跌,仍以圖1-1為例,可以看到在2019年4月之後,指數在高位滯漲不前,隨後先是出現小陰線,再以向下跳空缺口開啟一波快速、深幅的下跌。

快速上漲預示著機會,快速下跌則意味著風險,這些走勢的特徵十分明顯,特別是當市場在短期內達到一定的漲幅或跌幅。這就向投資者發出挑戰,需要充分運用已有的投資知識,盡可能正確預測市場隨後的走勢,否則將會失去獲利機會,甚至是虧損本金。

圖1-2(見下頁)為上證指數2017年7月至2018年3月的走勢圖。市場以連續十分穩健的小陽線向上突破長期的盤整區,正當走勢看似平穩,指數波動幅度也較小,股市卻於2018年1月29日突然調頭、急轉直下,出現一波快速、深幅的下跌,且下跌幅度接近20%。考慮到很多個股的下跌幅度會大於指數的下跌幅度,可見市場的風險不可謂不大。

圖1-2　　上證指數2017年7月至2018年3月走勢圖

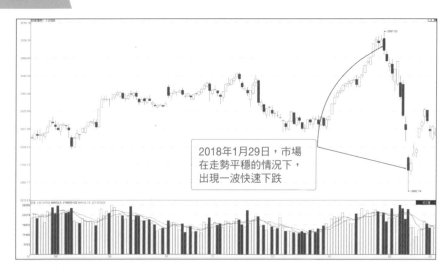

2018年1月29日，市場在走勢平穩的情況下，出現一波快速下跌

不活躍的市場

股市有快速上漲、快速下跌的特徵，分別展現出機會與風險。此外，另一個重要特徵就是階段性的活躍與不活躍。

江恩指出：「你應該置身於不活躍的交易市場之外，或保持觀望，直至得到一個明確的趨勢變化訊號」。

由於不活躍的市場波動幅度過窄，投資者很難找到買低賣高的時機，而股市又是風險相對較大的交易場所，如果在價格的窄幅波動中購買股票，投資者承擔的潛在風險與預期收益並不成正比。頻繁進行這種交易很可能陷入不利境地，雖然多次交易產生利潤，卻還不及一次虧損得多。

打破不活躍的訊號

在實際操作中，從日Ｋ線的波動方式就可以確定市場不活躍的狀態，像是指數整體走勢沒有明確方向、波動幅度很小，而且低迷的成交量顯出市場的觀望情緒濃厚。在這樣的市場環境中，若沒有明顯的觸發因素，大多數個

圖1-3 上證指數 2018年8月至2019年4月走勢圖

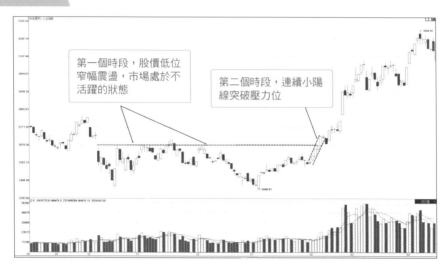

股都將處於易跌難漲的狀態，此時貿然買進處於低位、看似便宜的個股，風險並不小。

江恩理論強調，在不活躍的市場中，投資者更需要耐心等待，並對自己的資金負責，只有看到明確的趨勢變化訊號之後，才進行操作。

圖1-3為上證指數2018年8月至2019年4月的走勢圖。圖中畫出兩個典型的時段，在第一個時段內，市場處於從高位跌落後的低位震盪區間，但此時的低價位並非買進訊號。可以看到，這個時段的成交量小、波動幅度小，隨著市場持續處於這種不活躍的狀態，缺乏買盤進場推動，指數最終會因缺乏耐心的持股者拋售，而再度向下跌破支撐位。因此，在第一個時段內，觀望是較好的交易策略。

隨著市場回暖，在圖中標注的第二個時段內，指數以連續多根小陽線向上突破低位的長期壓力位，量能也開始溫和放出，這就是趨勢發生變化的訊號。此時參與市場，是更為理想也不失穩健的交易策略，往往可以使投資者獲得最佳的「時間—收益」比。

個股走勢的獨立性

江恩指出個股走勢的獨立性：「你必須知道，在一些股票下跌的同時，另一些股票在上漲，還有一些股票在盤整。」指數是市場活動的整體結果，在相同的市場環境中，必然會有大多數個股的走勢與指數相近。

但是，市場指數並非萬能，我們在股市裡交易的是股票，而不是大盤指數，再加上行業、題材、股本、前景、市場策略、場內外資金參與力道等各式各樣因素的變化，因此在相同的時間點裡，每檔股票的走勢出現差異也是在情理之中。

正因為個股走勢具有獨立性，我們在參與市場時就要精選個股，儘量不選那些隨波逐流，甚至有可能弱於同期市場的股票，而要挑選那些更具上漲潛力的個股。

圖1-4為貴州茅臺2018年11月至2019年8月的走勢圖。圖中以收盤價曲線的形式疊加了迎駕貢酒及上證指數的走勢。在近一年內，雖然兩檔股票同處於白酒行業，但一支為基金重倉的大型股，其業績更好，且被視作價值投資的標杆；另一支則為小型白酒股。可以說，兩檔股票的屬性差別極大，這也導致它們在走勢上的差距：儘管漲跌方向相同，漲幅卻差異甚大。

下面再來看另一個更明顯的例子。圖1-5為貴州茅臺2018年11月至2019年8月的走勢圖，並疊加了同期的安陽鋼鐵走勢。圖中畫出兩個時段，在第一個時段內兩者的走向相同，這是因為同期市場處於明顯的上行走勢，只要無明顯利空，個股或多或少都會跟隨市場上漲，只是強弱程度不同。

但隨著市場進入方向不明的走勢，兩者在走向上出現明顯分歧：利潤增速更好的貴州茅臺在指數盤整期間依舊震盪上揚、漲勢驚人，而利潤大幅下滑的安陽鋼鐵則調頭向下、跌幅巨大。

這就是個股走勢獨立性的最好表現，江恩理論除了強調研判整體市場，也十分重視對個股的把握，選錯個股意味著風險、虧損，選對個股則意味著機會、增值。

圖1-4 貴州茅臺 2018年11月至2019年8月走勢圖（疊加迎駕貢酒）

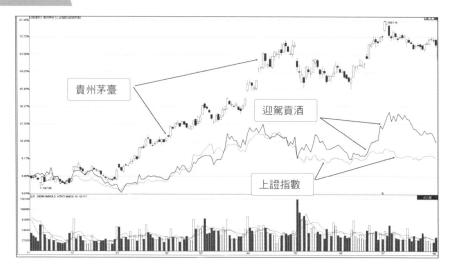

圖1-5 貴州茅臺2018年11月至2019年8月走勢圖（疊加安陽鋼鐵）

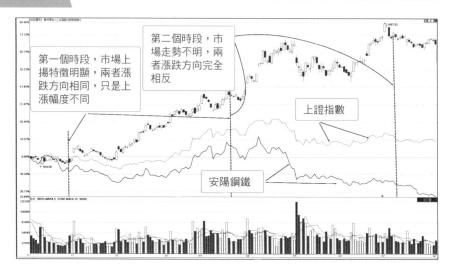

1-2 發現市場波動的規則，
擺脫人性糾結

　　江恩認為，投資者在市場虧錢是因為「人」的希望、貪婪及恐懼，掌握知識才是在市場上贏取利潤的必要條件。他發現自然定律是所有市場波動的基礎，於是花了10年的時間，確立自然定律和市場波動之間的關係，並用來預測未來的時間和價格。

▊江恩的準確預測

　　威廉・江恩（William D. Gann）是20世紀著名的金融理論家、投資家，他在期貨及股票市場中取得的傲人戰績至今無人可比。雖然有些投資家（例如：巴菲特、索羅斯等）在市場中賺取了更驚人的利潤，但江恩仍保持輝煌的戰績。

　　不過，江恩的投資方法之所以被人津津樂道，不是因為他獲取多少利潤，而是因為超高的預測成功率。根據相關資料顯示，江恩在其投資生涯中成功率高達80%～90%。

　　1902年，江恩在20多歲時第一次進場參與期貨交易，買賣標的為棉花期貨，並從中嘗到獲利的甜頭。1906年，他移居到奧克拉荷馬城，在某家證券經紀公司擔任經紀人。1908年，30歲的江恩移居到金融業發達的紐約市，開設屬於自己的經紀業務。1908年8月8日，江恩研究出他最重要的市場趨勢預測法，並稱之為「控制時間因素」。經過多次極為精準的預測後，江恩聲名大噪。

　　我曾查閱相關資料，以下列出江恩的一些預測事件。

（1）1909年夏天，江恩預測小麥期指將在9月達到1.20美元。但是，直到9月30日的12時，該期指仍位於1.08美元下方，江恩的預測眼見就要落空。可是他說：「如果今日收市的時候還未達到1.20美元，那表示我的整套分析方法錯誤。不管現在是什麼價格，小麥期指在收市之前一定會達到1.20美元。」結果，在當日最後的交易時刻，小麥期指正好達到1.20美元，這個走勢驗證江恩的預測，震撼整個市場。

（2）在1909年10月的25個交易日裡，江恩在某家雜誌的監督下，對多檔股票的多空兩個方向進行286次操作，結果264次獲利，22次虧損，本金翻了10倍。江恩拒絕以任何代價透露他的交易方法，但很明顯地，江恩的操作表現出交易系統的無限可能性——準確的預測是存在的。

（3）江恩在1921年又一次做出驚人的預測。他預測1922年的股市變動，指出：牛市波動的第一個頭部會在1922年4月形成，第二個頭部會在8月形成，最終的頭部則在10月中旬附近形成。結果顯示，20檔工業股票的平均價格在1922年10月14日達到最高點，在之後的30天內下跌10%。江恩還判斷11月股市將大幅下跌，結果這個月的股市在4天內下跌超過10%。

未完全公開的神秘性

除上述案例之外，江恩做出的準確預測不勝枚舉。有個較為知名的案例：威廉·吉爾雷（william E. Gilley）是熱愛投資的紐約人，對股市有25年研究經驗，而且熱衷閱讀華爾街人士發表的投資文章。正是這位吉爾雷鼓勵江恩研究「科學與數學在股市運動中的可能性」這一課題。

當吉爾雷被雜誌社記者問到，江恩的哪些工作讓他留下深刻印象時，他回答：「雖然很難記住江恩每一次不同尋常的預測和操作，但有些確實令人難忘，例如，當美國鋼鐵的股價在50美元左右時，江恩對我說美國鋼鐵將會漲到58美元，但不會超過59美元，然後會下跌16.75點。隨後，實際的走勢是股價最高點達到58.75美元，之後下跌到41.25美元，即下跌了17.5點。」

江恩在其傳奇的投資生涯中不僅投資某一檔股票，或在某個時間點孤注一擲。他的理論之所以能與道氏理論、波浪理論這類象徵技術分析基石的經典相提並論，是因為它的準確性與特殊性。

江恩投資生涯的成功是建立在一次次精確的預測之上，雖然未完全公開而使其理論具有神秘色彩，但江恩發表的一系列文章及觀點，讓投資者對其理論有個大體的認識，並藉此提升股票交易成功率。江恩理論取得巨大的成功，雖然他本人沒有歸納出有系統的內容，在談論時也沒有精確論述，但這不影響投資者研究江恩理論的熱情。

江恩理論打開一扇大門，指出精確預測的可行性，但江恩沒有把大門的鑰匙直接留給後人，而是留下一條條線索，因此後人對江恩理論的分析、研究往往是見仁見智。不論如何，對於熱衷金融分析的投資者來說，江恩理論的魅力仍是無人能擋。

▌獨特的市場預測理論

江恩綜合運用數學、幾何學、天文學等多種學科，建立起獨特的分析方法和市場預測理論。他認為，股市的變化看似混亂無序，只有碎片化的資訊，實際上卻有內在的自然法則。

把這些看似不相關的零碎資訊整理、拼接後，就會發現隱藏在股市中的秩序，江恩把這種秩序稱為「週期」，這也是江恩理論中出現頻率較高的用詞之一。

投資者往往因為過多考慮人的因素，而忽略金融市場是人類社會的一部分，也是宇宙的一份子，因此它必然符合宇宙總規律，存有內在的驅動規則。我們之所以看到市場內的各種元素雜亂無章，是因為它們在不同的時間和空間加入市場，由於迴圈的起點不同，使得各種元素的變化看似混亂且無節奏。

江恩曾說：「只要找到正確的起點，你就可以推算未來。」那麼，應該透過什麼方法推算未來呢？江恩依據的主要是時間週期與空間幾何。結合市場運動的時間與空間，再加上市場循環往復的特點，江恩往往能提出既包括時間範圍，也包括空間範圍的準確預測。

江恩理論的出發點是在看似無序的市場中建立嚴格的交易秩序，而闡述這些交易秩序的方法包括江恩的時間法則、價格法則、角度線等。這些技術分析方法用於發現何時、哪個價位將發生回檔，以及回檔到什麼價位。

　　在江恩的市場預測理論中，時間週期與角度線是兩大主線。時間週期的內容相對簡單，比較容易理解，下一節中我們將單獨進行講解。角度線是幾何學在股市中的成功運用，能精確地向投資者呈現哪些價位有支撐、哪些價位有壓力。由於角度線的內容相對複雜，且實戰性更強，我們會在後面的章節中進行專題解讀。

1-3 市場趨勢變化會重演，把握時間週期迴圈

　　時間週期迴圈是江恩理論中很重要的一環，但江恩提出的例子過少，且最重要的10年週期又太長，因此對實際操作來說，參考性不如我們隨後將介紹的角度線。但它是江恩理論的核心內容之一，我們還是有必要稍作了解。

　　江恩透過研究，發現一系列的時間週期會在未來重演。基於歷史資料，他找出主要週期和次要週期，並確定這些週期在未來重演的時間規律。大利潤來自主要週期，次要週期則用於規避風險或選擇進場時機，因此，我們一定要確立時間週期的主和次、大和小。10年、7年、5年、3年或2年週期是時間跨度相對較長的週期，也是最應關注的時間週期，主要用於反映趨勢。

10年週期

　　江恩理論認為，股市的走勢是以迴圈呈現，且以10年為一個週期迴圈。這也可以理解為歷史高點與低點之間的時間間隔，即一個新的歷史低點出現後，經過10年，將出現歷史高點；反之，一個新的歷史高點出現後，經過10年，將出現歷史低點。股市或個股一般會在10年週期中形成重要的頭部和底部，但是在極端狀況下頭部或底部有時會出現在10.5年或11年左右。

　　以10年週期為整體，可以像分割底部與頭部之間的壓力位那樣，分割這個週期。10年是120個月，1/2為5年或60個月，2/3為80個月，1/3為40個月，1/4為30個月，1/8為15個月，1/16為7.5個月，這些週期對於觀察趨勢的變化來說十分重要。

2年或3年週期

江恩指出，任何一個長期的升勢或跌勢，不可能毫無變化地持續3年以上，次要週期一般是2年或3年，最小的週期是1年。也就是說，主要或次要頭部出現後再加上3年，將得到下一個頭部出現的時間。

當次要趨勢出現時，往往會伴隨3～6個月的調整期。因此，對於10年週期來說，一般是每2年或3年會出現一個頭部，最末的3年或4年會出現最後的頭部。

5年週期

江恩認為，牛市通常持續5年，多以2年上漲、1年下跌、2年上漲的方式呈現，而熊市則經常持續5年，多以2年下跌、1年上漲、2年下跌的方式呈現。

10年週期是最重要的長期迴圈，5年週期則是最重要的中期迴圈。任何時間週期中，頭部出現後再加上5年，將得到下一個底部。

短期迴圈

中期、長期迴圈適用於分析趨勢，把握歷史高低點，而短期迴圈則呈現出短期波動。在短期迴圈中，以下的時間週期比較重要：1小時、2小時、4小時、18小時、24小時、3週、7週、13週、15週、3個月、7個月。

1-4

靈活運用技術分析，遵守21條買賣守則

　　江恩認為，投資交易應有章法可循，不能隨意買賣、盲目猜測市場走向。隨著時間推移，市場環境及影響價格變動的因素也會發生變化，投資者必須學會跟著市場變化隨機應變，不能墨守成規。

　　由於江恩理論闡述的一系列操作守則，清楚揭示市場內在的特性，且論述簡單明瞭，相較於敘述不清的複雜預測理論，更容易被投資者接受，且具有突出的實戰性。

　　舉例來說，江恩提醒我們：「在開始應用任何規則之前，必須設置停損點保護本金，因為一次小虧損或數次小虧損很容易從一次大獲利賺回來，但是遭受較大的虧損後，要回本就很難。」在本節中，我們結合江恩著作所闡述的一些操作守則，來看看如何把握市場時機。

▌在過去的頭部水準買進

　　當股票經歷低位震盪並開始逐步走高，如果高過了前期的顯著頭部，則表示上升動力強，一般來說，後期仍有一定的上升空間。在實際操作中，股價超過前期頭部後，由於將遇到短期獲利盤與中期解套盤的雙重賣壓，因此在股價突破後回測頭部時買進，短線的風險會相對更小。

　　圖1-6為三七互娛2018年11月至2019年12月的走勢圖。個股在前期穩健上升的過程中，因先上漲後回落而形成顯著的中期頭部。隨後，在經歷相對低位的長期震盪後，個股再度步入穩健攀升通道，並一舉突破前期出現的顯著頭部。此時，由於中短期的漲幅較大，個股會回檔以釋放獲利賣壓，是較

圖1-6	三七互娛2018年11月至2019年12月走勢圖

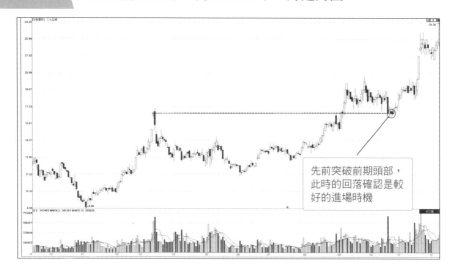

先前突破前期頭部，此時的回落確認是較好的進場時機

好的進場時機。

在創出新高後買進

在累計漲幅不大且總體走勢穩健的格局中，當個股在一個價位區間長期停留後，於隨後的上漲走勢中創出中長期新高，就表示突破上攻的動能較強，趨勢選擇向上，是進場的訊號。

圖1-7（見下頁）為弘信電子2018年7月至2019年4月的走勢圖。個股在低位經歷多次震盪，但股價重心呈整體上移，隨後在一波上漲走勢中創出中期新高，預告一波上升行情將展開，是進場訊號。

對於創出新高的股票來說，股價一般會向下回落到過去的頭部，這是相對安全的進場點。在創出新高後買進顯然是追漲行為，但為什麼又常常是有利可圖呢？

對此，江恩提出解釋：只有當投資者對股票有強烈需求，市場的購買意向不斷轉強，才能推動股價上漲甚至創出新高，而且股價往往會在新高點逗留數週、數月或數年，因此在創出新高的位置買進是順勢而為的操作，只有

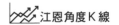

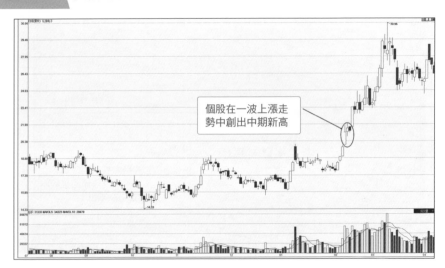

圖1-7 弘信電子2018年7月至2019年4月走勢圖

個股在一波上漲走勢中創出中期新高

順應趨勢才能賺錢。

漲至前期底部上方時買進

前期底部被跌破的位置是重要的壓力位，但如果股價在後期止穩回升，且向上突破此價位，它就會轉變為支撐位。由於這個價位比較低，一旦轉變為支撐位，隨後的反彈上升空間往往比較大，是中短期進場的訊號之一。

圖1-8為勁嘉股份2018年4月至2019年3月的走勢圖。圖中畫出前期底部位置，是前期低位震盪區的強支撐位；隨著一波急速、深幅的下跌，這一位置被跌破，但趨勢的反轉往往就發生在這種極端狀況中。隨後，股價開始止穩回升並突破前期底部，是趨勢即將反轉上行的訊號，也是中期進場訊號。

創出新低表示趨勢向下

創出新高意味著上升趨勢並未減弱，持續推升動力較強；同理，創出新低意味著下跌動能較強，後期仍有一定的下跌空間。對於可以雙向交易的市

圖1-8 勁嘉股份2018年4月至2019年3月走勢圖

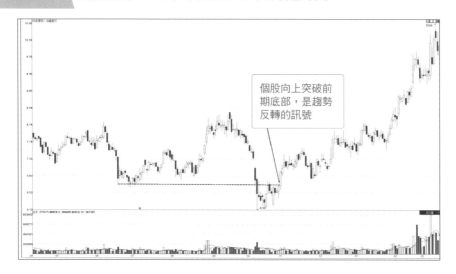

個股向上突破前期底部，是趨勢反轉的訊號

場來說，下跌趨勢中的順勢交易表現為先賣後買，簡稱為賣空，但對於較難實施賣空交易的市場來說，投資者應把重點放在頭部反轉的過程，儘量提前預測下跌趨勢的出現，因為當下跌趨勢較明朗時，跌幅往往也較大。

在不操作賣空的前提下，這一操作守則的提示主要是：當股價創出新低時，不要急於抄底進場。

圖1-9（見下頁）為華鐵應急2017年4月至2018年2月的走勢圖。在圖中標注的位置，雖然長陰線使個股創出新低，且中短期的跌幅較小，但個股仍處於空方力量占據主導地位的跌勢，此時不宜主觀臆斷底部，也不應盲目抄底進場。

對於創出新低的股票來說，股價一般會受到買方支撐面影響，而暫時反彈至過去的底部附近，這通常是適合逢反彈賣出的短期高點。

收盤價的重要性

當市場或個股交投活躍、價格波動幅度較大時，投資者應一直等到收盤且價位在日K線或週K線上方（或下方）時才買進（或賣出）。因為即使當

圖1-9　華鐵應急 2017年4月至2018年2月走勢圖

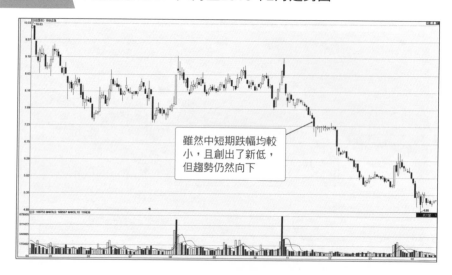

雖然中短期跌幅均較小，且創出了新低，但趨勢仍然向下

天的價格迅速上漲，但臨近收盤時也許會迅速下跌。

收盤價較能反映多空交鋒的情況，如果當前多方力量不占有明顯優勢，盤中拉升多會無功而返；反之，如果當前空方力量不占有明顯優勢，盤中跳水也很難將股價維持在低點，收盤前多有拉升。

在衡量趨勢的頭部或底部時，運用週K線的收盤價會更準確，可以避免日K線因尾盤異動，而導致收盤價不足以反映多空交鋒的情況。

圖1-10為美利雲2017年2月至2018年6月的週K線圖。在個股累計漲幅已較大的位置，雖然股價在當週創出新高，但週K線的收盤價無法保住勝果，這表示在當前這個位置空方力量較強。由於週K線可以穩定反映趨勢，因此這種形態代表原有的上升趨勢即將轉為向下。

牛熊市的修正時間與買賣時機

根據江恩理論，當股票處於快速上漲階段的牛市，雖然股價修正的方式可能很劇烈，但是修正時間一般不會超過3～4週，所以在牛市中修正時間為1個月左右的股票，一般是可以買進的。至於在熊市，股價反彈時間極少超

| 圖1-10 | 美利雲2017年2月至2018年6月週K線圖 |

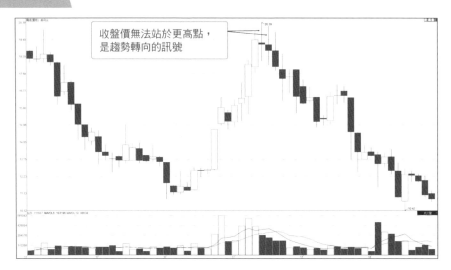

收盤價無法站於更高點，是趨勢轉向的訊號

過1個月，大多持續3～4週，但在極端狀況下，急速、深幅下跌後的反彈行情也可能持續2個月。

將上述牛市、熊市中次要趨勢的持續時間與股票走勢相結合，就更能把握次要趨勢中的買進與賣出時機。圖1-11（見下頁）為蘇州固2018年10月至2019年6月的走勢圖。個股前期的上升勢頭良好，於高點開始橫向震盪，在圖中標注的區域，個股回落修正幅度較大，持續時間超過1個月，隨後股價在回落的低點止穩，就是升勢回檔後的買進時機。

▌牢記急速下跌的風險

在長期上漲，或短期快速、劇烈上漲之後，行情的結束往往是以急速下跌為標誌。在大多數情況下，價格下跌的速度往往比上漲更快。

這是一個容易被大多數投資者忽視的風險。長期上漲時，長久的漲勢使投資者的風險意識降低，而容易忽視趨勢改變的訊號；短期快速上漲時，投資者的腦袋往往被貪婪的情緒占據，而更擔心跳空，卻忽視風險。

圖1-12（見下頁）為天龍股份2018年12月至2019年5月的走勢圖。個股

图1-11　蘇州固2018年10月至2019年6月走勢圖

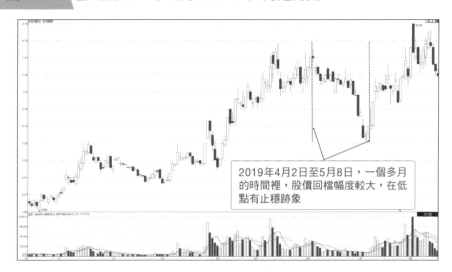

2019年4月2日至5月8日，一個多月
的時間裡，股價回檔幅度較大，在低
點有止穩跡象

图1-12　天龍股份2018年12月至2019年5月走勢圖

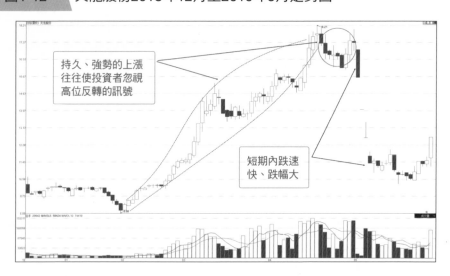

持久、強勢的上漲
往往使投資者忽視
高位反轉的訊號

短期內跌速
快、跌幅大

在持久、強勢上漲後進入高位，可以看到整個上升行情的持續時間較長，前後上漲具有連貫性，上升形態也良好。

對於這種穩健、強勁的上漲勢頭，中長線投資者是不願賣出的，於是忽視高位寬幅震盪所發出的築頭訊號。隨後，一根長陰線突然打破震盪格局，股價急速下行，短短幾個交易日內跌幅巨大，急速下跌的風險顯而易見。

只要投資者理性看待股價走勢，不被盲目樂觀的情緒左右，這種急速下跌的風險完全可以透過控制倉位來規避。

江恩21條買賣守則

江恩告誡投資者：「投資之前，一定要仔細研究市場，因為你可能會做出與市場完全相反的錯誤決定，同時你也要學會如何去糾正這些錯誤。」

《華爾街45年》是江恩的最後一本重要著作，此時他已屆72歲高齡。在書中，他坦誠揭露了縱橫市場數十年的致勝之道，指出買賣的成功不僅取決於技術分析，買賣守則同樣重要。因此，他制訂21條買賣守則，使其與江恩理論的交易方法相輔相成，共同構成江恩交易系統。

21條買賣守則與相關評論如下。

1. 將本金分成10份，每次買賣金額不應超過本金的1/10，這樣每次承擔的風險最多只有1/10。

評論：股票交易沒有固定的守則，十等份法是一種控制風險的固定倉位法，適合進場資金較大的投資者。

2. 設定停損點，減少買賣出錯時可能造成的損失。

評論：停損非常重要，但設定停損點沒有固定的規則，應結合行情及個股的特性。例如，對於股性較活潑、波動較大的個股，停損點與進場點可以相距大一些，以避免股價的偶然波動觸發停損點。

3. 不可以過量交易。

評論：要有目的地進行交易，不應過於頻繁地參與短線交易，因為多做

多錯，且過於頻繁的交易會帶來高額的手續費及稅金，降低整體獲利。

4. 避免反勝為敗。

評論：獲利的時候不一定代表大趨勢向上，可能只是中級行情或次級反彈，因此在有利潤的前提下，若無法把握趨勢的走向，就應以落袋為安為原則，以免趨勢反轉造成損失。

5. 不要逆勢交易，趨勢不明顯時，寧可空倉觀望也不進場。

評論：交易時最重要的原則之一就是順勢操作，這是在股市中賺錢的正確方法。但是，市場不會總是表現出明顯的趨勢特徵，在行情無法把握、趨勢不明顯時貿然交易，出錯的機率會大大增加，而且一旦本金明顯虧損，當進場時機真正明朗時，也只能望股興嘆了。

6. 猶豫不決，不宜入市。

評論：交易要果斷，要有明確的目標，猶豫不決代表投資者很難正確判斷行情發展，這可能是因為知識、經驗不足，也可能是因為多次錯誤交易導致心態失衡。無論是哪種情況，此時進場交易的獲利機率比較低，因為即使行情向上發展，此類投資者也會過早出場，只能獲得小利；反之，一旦行情向下發展，此類投資者也很難實施停損，而使虧損不斷擴大，造成巨額損失。

7. 參與交投活躍的標的，避免參與冷門標的。

評論：股市的走勢也許平淡無奇，卻不代表缺少機會，因為在橫向發展的行情裡，個股走勢的差別極大，活躍的標的可能大幅上漲，冷門標的則難有表現。此外，由於股市是資金驅動型市場，交投活躍代表標的得到資金的關注，機會自然更好，而冷門標的沒有得到資金關注，走勢自然平淡無奇。

8. 避免提前設定價格的買賣方法，交易價格應隨行就市。

評論：限價買賣的方法忽視了市場快速轉變的特性，設定的價格與市場走勢往往存在較大偏差，結果可能會錯失最佳的進場或出場時機。

9. 進場後不可隨意平倉，可用停利點保障利潤。

評論：獲利不是平倉出場的理由，賺時多賺、虧時少虧才是交易的目標。當一筆交易朝向預測的方向發展，不要因小利而出場，應把焦點放在趨勢分析上，結合盤面訊號展開操作。但考慮到技術分析的不確定性，投資者在已獲利的基礎上，可以隨著走勢發展設定相應的停利點，以保障到手的利潤。

10. 交易順手且獲利豐厚時，可提取部分資金，以備不時之需。

評論：投資者無法一直準確預測市場的走勢，當前的決策正確不代表以後也會一直正確，在利潤可觀時提取一部分資金作為儲備，更可以抵擋市場風險。

11. 交易出現虧損時切忌加碼，否則可能將小錯變為大錯。

評論：若第一筆交易出現虧損，就表示進場錯誤，如果再強行增加持股數量，希望拉低成本以獲取解套的機會，很可能積小錯成大錯。投資者常用的操作方法——補倉，其實充滿危險。導致股價下跌的因素很多，如果是重大的利空，股票下跌將沒有底限，補倉只會加大虧損，而且投資者很難發現隱藏於個股之下的風險。因此，最好的方法是在錯誤交易發生後及時停損出場，而不是抱著不放或補倉。

12. 指望從股票的分紅派息中獲取投資利潤，並不是好方法。

評論：賺取市場價差才是股票獲利的核心，股息高並不代表行業前景好，買股票是買預期，關鍵在於企業的成長潛力及合理的估值，而不是當前的股息高低。

13. 不要因為缺乏耐心而入市，也不要因為缺乏耐心而平倉。

評論：耐心是投資者的重要特質，代表對自身交易能力的肯定。有耐心的投資者更能把握機會，交易成功率明顯高於缺乏耐心的投資者，而且更能看清大盤，賺取大波段行情的利潤。

14.潛在風險大於預期利潤的交易不要做。

　　評論：要評估一筆交易可能的獲利空間與虧損空間，即上漲的潛力與下跌的風險。如果下跌的風險較大，表示這筆交易賠多賺少，不宜展開操作。當上漲的潛力較大，甚至遠大於下跌的風險，此筆交易一旦成功便能產生較多利潤，值得參與。

15. 進場交易並設定停損點後，不要胡亂改變。

　　評論：進場交易時設定的停損點一般都比較合理，但在交易發生後，投資者的情緒往往受股價波動影響，容易用主觀進行操作，此時若盲目改變停損點，就很可能出現錯誤。

16. 要等待機會，不宜頻繁交易，盲目交易只會多做多錯。

　　評論：這一守則也是對「耐心」的闡述，可以說耐心是成功交易者的必備要素之一。

17. 做多或做空都當運用自如，不應只做單邊。

　　評論：做空，即先賣出開倉，然後買進平倉。在賣出開倉之後，若價格下行，就可以透過買進平倉來賺取價差。可以說，做多是透過低買高賣獲利，做空則是透過高賣低買獲利。

18. 不可因低價或跌幅大而買進，也不可因價高或漲幅大而賣出。

　　評論：股價的高與低是相對的，現在的高位會因後期的上漲而變成相對低位，現在的低位會因後期的下跌而變成相對高位。交易時應以遵循趨勢為原則，順勢交易才是獲利之道。

19. 不要對沖。

　　評論：對沖主要用於期貨交易，是指在買進一個標的的同時，賣出另一個標的，兩個標的要有高度的正相關性，只有這樣，一個標的的虧損才可以透過另一個標的的獲利來彌補。但是，這只是理論上規避風險的方法，由於不存在完全正相關的標的，兩個標的在波動的幅度甚至方向上，都可能與投

資者的判斷出現偏差，因此對沖很難真正達到規避風險的目的。換個角度來看，對沖交易也代表投資者失去準確預測行情的能力。

20. 避免不當使用金字塔加碼法。

評論：金字塔加碼法也稱為累進式加碼法，每一次的加碼數量都少於前一次，是一種在已獲利的基礎上逐漸加碼的操作方式。這種方法只適合在上升趨勢剛剛展開時實施，由於上升行情仍有較大空間，應用金字塔加碼法可以獲取更多利潤。但是，在震盪行情或相對高位實施，反而可能導致利潤縮水，甚至由盈轉虧。

應用金字塔加碼法時，我們應遵循以下幾點建議。

一，只在個股或市場處於明顯的低位，隨後上升空間較大，且第一筆交易成功獲利時，才可以順勢進行逐步加碼的操作。

二，絕不在虧損的時候逆市加碼。

三，加碼的分量只能一次比一次少，才能保住前面的收益。如果加碼分量一次比一次多，很可能會造成一次加碼錯誤，就失去以前所有的收益，甚至出現虧損。

四，不要在相同的價位附近加碼，如果兩次加碼的價位過於接近，在相對高位買進的倉位數量就會過多，持股成本明顯增加，進而增加風險。

21. 如果沒有適當理由，應避免隨意更改持股的買賣策略。

評論：提前制訂的交易策略往往能更理性地看待市場波動，進而更能平衡收益與風險之間的關係。

1-5 股市贏家都具備5種素質，你也做得到！

　　固定的操作守則看似簡單，但在實踐中卻很難做到。這一方面是因為股市變化的複雜性，以及充斥於市場內外各種雜訊的干擾；另一方面則與投資者的特質有關。江恩認為，按照固定的操作守則進行交易，便可以從中獲利，但能否遵循固定的操作守則，取決於投資者是否具備5種條件，即知識、耐心、膽識、健康和資金。

　　這幾種條件可說是成功投資者必備的素質，不具備這些素質的投資者也許能從股市中獲取利潤，但往往會陷入「一朝盈、一朝虧」的不利境地，最終「竹籃子打水一場空」，更多則是屢戰屢敗，最後虧損出局。

▌知識是基礎

　　金融市場是專業程度較高的市場，一買一賣的操作看似簡單，但越是簡單的東西，其背後的邏輯往往越複雜。買賣股票與做出正確決策並不是同一回事。

　　在股票交易中，對股價走勢的預測是核心。預測的方法五花八門，有的從基本面著手，有的從市場行為著手，有的僅僅依據技術指標或消息。投資者想提高股票交易的成功率，就要有足夠的知識儲備。

　　有些投資者不注重學習市場知識，總覺得交易很簡單、市場走勢理應如何，且不懂得辨識消息的真偽，結果聽信錯誤引導而遭受巨大的損失。還有一些投資者，盲目地用從書本學來的知識進行操作，結果一樣損失慘重。

　　若沒有足夠的知識累積，我們無法應對層出不窮的資訊，無法透徹地了

解行業或企業的基本面，也無法解讀市場行為，在這種情況下做出的買賣決策，準確度也許還不如拋硬幣做決定。投資者只有不斷完善自己的知識結構，才能理解這個市場，而只有理解這個市場，才能進一步解讀與預測。

耐心是品質

耐心是投資者最重要的必備素質。雖然股市裡天天都有機會，但投資者的個人能力與知識累積有限，不可能捕捉到市場中的每一個機會。

對價格的後期走勢做出準確判斷也許並非難事，但投資者卻難以判斷價格將在多久以後開始上漲或下跌。只有看到明顯的買賣時機，才適合進場交易，這需要有足夠的耐心來等待，而這份耐心又要與可能錯失機會的憂慮相抗衡，甚至承擔風險。

正因如此，大多數投資者雖然都知道耐心的重要，但在實踐中往往很難保持耐性，因為那意味著要抵擋獲利機會的誘惑。欠缺耐心導致大多數投資者在機會真正來臨時，才發現本金早已被占用，而錯失明顯的獲利機會。

膽識是關鍵

「一名優秀戰士即使得到世上最好的槍，若沒有膽量扣動扳機，也無法消滅任何敵人。」投資者可以透過不斷學習累積知識，也可以透過持續等待而發現機會，但股市的交易不像到銀行存款能確定獲取固定利息。

股票的股價走勢受到各式各樣的因素左右，一個偶然的消息就足以產生重大影響，因此沒有人擁有100%的勝算。只有具備足夠的膽識，投資者才能做到該出手時就出手。

如果投資者長久抱著買了怕跌、賣了怕漲的心態，就表示他不適合在股市中生存。換個角度來看，膽識也是正確交易心態的表現，如果投資者沒有好的交易心態，不能坦然面對獲利與虧損，在交易前沒有足夠的心理準備與應對措施，或者沒有充分了解價格波動的偶然性，他就很難在股市裡長期生存下去。

然而，投資者也應了解膽識並非魯莽，膽識是建立在足夠的知識累積之

上，是建立在理性客觀的分析之上，更是建立在等待機會出現的耐心之上。

健康是根本

　　健康的重要性毋庸置疑，如果身體健康受到損害，投資者不會有足夠的耐心或膽識。投資既考驗投資者的心理承受力，同樣對身體條件也有較高的要求。健康的體魄能幫助我們更好地學習知識、累積經驗、把握機會，是在市場中獲勝的基礎。

　　當交易令人身心疲憊、健康受損時，投資者應該暫時放下交易、好好休息，因為相對於健康來說，再成功的交易也顯得不值一提。

　　江恩曾說：「我在那些年裡進行太多交易，經歷太多狀況，讓我從中明白一些道理。當我的健康狀況差時，我倦於交易，總是導致失敗；但是當我精力好的時候，我總是在正確的時候入市，取得了成功。如果你的健康狀況不佳，此時最重要的事是使自己恢復到健康的狀態。健康才是致富的根本。」

資金是本錢

　　「巧婦難為無米之炊」，本金是進場的籌碼，沒有本金，縱然有過人的本領，也不可能在股市獲利。對於本金，我們可以從交易的風險與倉位的控制來把握。

　　認識與防範交易風險可以讓投資者在錯誤的交易中減少虧損，盡可能保護本金的安全，並且避免過度交易。控制倉位可以讓投資者避免承受股市整體下跌所帶來的系統性風險，以及個股黑天鵝利空事件所帶來的重大損失。

　　設置停損點來控制風險，是投資者必須掌握的基本功。資金變動是不可免的，但是可以透過停損避免巨大的損失。很多投資者之所以遭受巨幅虧損，並失去真正的機會，就是因為沒有設置合適的停損點，任由錯誤自由發展，導致損失越來越大。

　　甚至一些有經驗的投資者，雖然設置停損點，但在實際操作中不堅決執行，結果同樣遭受虧損。成功的投資者不是不犯錯，因為任何人都可能犯

錯，甚至是嚴重的錯誤，但影響交易結果的關鍵是處理錯誤的方式。

　　成功者通常擁有果斷的執行力，懂得如何處理錯誤，避免錯誤擴大；失敗者會因猶豫不決、優柔寡斷的交易性格，而任由錯誤如滾雪球般繼續發展，最終遭受巨大的損失。

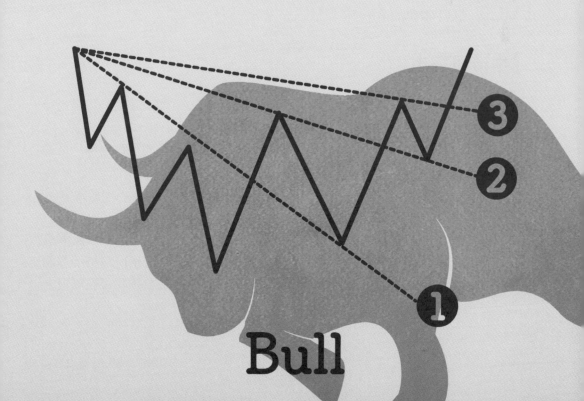

第 **2** 章

趨勢是江恩技術分析的基石，該如何判斷？

Bull

2-1 市場趨勢怎麼區分？牛市與熊市結構、主要與次級趨勢

江恩十分重視市場趨勢的行進規律，雖然他的技術分析方法側重幾何學，卻都是建立在趨勢變化之上。無論是江恩的時間週期理論、回檔法則，還是角度線畫法或壓力位分析，都是以趨勢為根基。可以說，若沒有趨勢當作基礎，江恩的任何技術分析方法都難以有效運用。

股市的走勢看似上下波動、毫無規律，實則遵循一個大趨勢在行進。一波趨勢的形成與發展是相對漫長的過程，若股價行進中的波動幅度加大，就會增加投資者把握趨勢的難度。不過，從宏觀角度來看，股市的趨勢只有兩種結構，即牛市與熊市。

▌牛市與熊市

牛市，也稱為多頭市場（Primary Bull Markets），即上升趨勢，是指市場呈整體上漲的狀態，上漲期間夾雜著次級的反向回檔走勢。

熊市，也被稱為空頭市場（Primary Bear Markets），即下跌趨勢，是指市場呈整體下跌的狀態，下跌期間夾雜著次級的反彈上升走勢。

從整體運動形態來看，牛市是股價走勢「一浪高於一浪，一底高於一底」；熊市則正好相反，是股價走勢「一浪低於一浪，一底低於一底」。

牛市與熊市往往交替出現，即牛市之後跟隨著熊市，熊市之後跟隨著牛市。但在很多時候，牛市與熊市之間的分界並不明顯，常常呈現趨勢不明朗的橫向震盪。橫向震盪可以看作是趨勢處於選擇狀態，持續時間可長可短，但在經典的技術理論中，一般不將其稱為趨勢。

圖2-1 上證指數2017年11月至2019年4月走勢圖

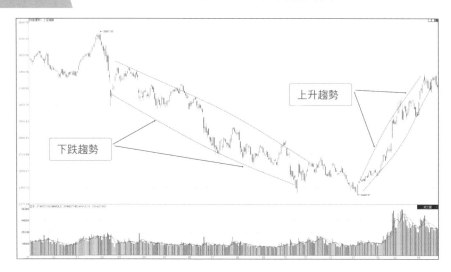

圖2-1為上證指數2017年11月至2019年4月的走勢圖。從趨勢來看，股市在此期間的運動為先下跌、後上升。

趨勢的行進過程總是上下波動，當波動幅度越大，趨勢的分析和研判就越困難。在實際操作中，我們可以結合長期支撐位、壓力位的變化，以及市場的估值狀態來判斷趨勢走向，進而解讀當前的市場正處於哪一種結構。

主要趨勢與次級趨勢

股市始終貫穿兩種級別的趨勢，即主要趨勢與次級趨勢。次級趨勢是對主要趨勢的修正，與主要趨勢的行進方向相反。例如，主要趨勢為上升時，次級趨勢則為回檔、回落波段；主要趨勢為下跌時，次級趨勢則為反彈、上揚波段。

主要趨勢是股價行進的大方向，往往可以持續1年或更久，並導致股價上漲或下跌20%以上。

次級趨勢對主要趨勢帶來一定的回抽牽制作用，具體表現形式有兩種：一是牛市中出現中等幅度的下跌或回檔；另一是熊市中出現中等幅度的上漲

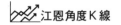
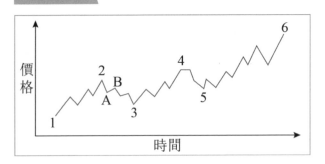

圖2-2　　主要、次級趨勢示意圖

或反彈。次級趨勢的持續時間從幾個交易日到幾個交易週不等，對主要趨勢的修正幅度一般為上漲（或下跌）幅度的1/3或2/3。

　　除了主要趨勢與次級趨勢，還有短期波動，也就是價格在幾天之內的變動情況，多由一些偶然因素決定。

　　如圖2-2所示，1～6的整體運動結構對應主要趨勢，在本例中為上升趨勢；2～3、4～5這兩波運動對應次級趨勢，它們與主要趨勢的上升方向相反，屬於回檔波段；A～B的運動則對應短期波動。

　　江恩趨勢理論指出：「只有跟隨市場的主要趨勢進行交易，才能賺進更多錢。」雖然不逆勢交易會錯失一些產生波段利潤的機會，例如：下跌趨勢中錯失反彈波段的利潤、上升趨勢中沒有在波段高點賣出持股而導致利潤減少，但從中長期角度來看，這樣做更能規避風險並保護利潤。

　　在買進或賣出之前，投資者只有等待明確的趨勢行進訊號，才更有機會實現利潤成長，規避較大的風險。當主要趨勢為下跌時，在訊號指示的反彈頂點賣出，要比在回落低點買進安全得多；同理，當主要趨勢為上升時，在訊號指示的回檔低點買進要比在短期上漲的高點賣出安全得多（注：這裡所說的安全是指收益風險比較小）。

2-2
結合股價波動中的頭與底，掌握3個買點、3個賣點

　　對於順勢交易的買賣時機，江恩理論與傳統的技術理論完全不同。傳統技術理論有基於K線形態，或移動平均線，也有結合量價來分析，然而江恩理論則結合價格波動中的頭與底，來把握趨勢買賣點。

　　這種方法最大的好處是摒棄可能陷入主觀臆測的做法，不過度考慮當前處於何種趨勢，而是參照前期的頭與底，真正結合價格的實際波動，展開順勢操作。

　　對於投資者來說，站在事後的角度看趨勢很容易，一旦身處市場中，由於各式各樣因素的擾亂，就很難把握當前的趨勢，尤其是趨勢的轉向。

▋前期底部或頭部的買點

　　江恩趨勢理論指出：「當股票下跌到前期底部或前期頭部時，總會出現一個帶停損單的買點。」

　　對於買進操作來說，投資者應結合價格短期波動的速度，來把握進場時機。一般來說，如果股價走勢相對強勢，且下跌速度較慢，則在前期底部或前期頭部上方是買進時機；反之，如果股價走勢相對弱勢，且下跌速度較快，則在前期底部或前期頭部下方是買進時機。

　　而且，在個股第一次、第二次、第三次回落到前期頭部附近時買進，是相對安全的，但是當價格第四次回落至相同水準時，就不宜再買進，此時的風險更大，因為往往會繼續下跌。

　　圖2-3（見下頁）為通富微電2019年7月至11月的走勢圖。在深幅回落之

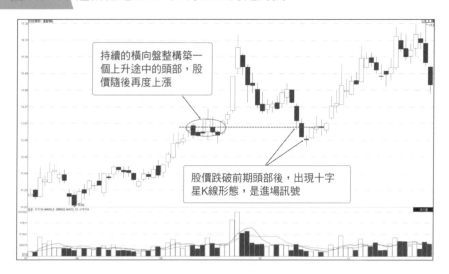

圖2-3　　通富微電2019年7月至11月走勢圖

> 持續的橫向盤整構築一個上升途中的頭部，股價隨後再度上漲

> 股價跌破前期頭部後，出現十字星K線形態，是進場訊號

後，股價接近前期頭部，由於短期的下跌速度較快，一般來說，買進時機出現在前期頭部的下方。以本例來說，在前期頭部下方出現的十字星K線形態就是進場訊號，代表多空力量在短期內開始趨於均衡，投資者可以適當抄底進場。

圖2-4為通富微電2018年9月至2019年5月的走勢圖。個股在低位經歷長期橫向震盪之後，開始大幅上漲並步入上升趨勢，這個橫向震盪區間就是前期底部。

從高位反轉下跌後，股價跌幅較大，直至跌到前期底部時，個股連續收於下影線，這表示多空力量開始趨於均衡，多方承接力量明顯轉強，是買進時機。

穿越前期頭部的買點

當股價向上穿越前期的顯著頭部，或近幾週內的一系列頭部，表示主要趨勢或次級趨勢已開始反轉向上，是買進時機。在實際操作中，這種走勢的短期漲幅一般不會過大，否則個股將面臨短期獲利盤，與前期解套盤的雙重

圖2-4　通富微電2018年9月至2019年5月走勢圖

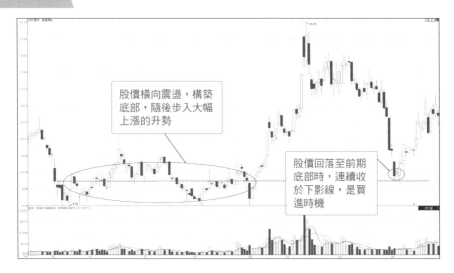

股價橫向震盪，構築底部，隨後步入大幅上漲的升勢

股價回落至前期底部時，連續收於下影線，是買進時機

賣壓。

　　圖2-5（見下頁）為北京君正2018年11月至2019年9月的走勢圖。個股在長期橫向震盪中形成2個明顯頭部，隨後股價穩健攀升，突破這些頭部，也就是穿越前期顯著頭部的形態，是順勢買進的時機。

　　從中長線的角度來看，這是一種追漲的做法，但個股的短線漲幅尚可，而且一般來說，股價向上穿越前期顯著頭部之後，在未來將會有不錯的上升空間。

　　圖2-6（見下頁）為鴻路鋼構2018年10月至2019年4月的走勢圖。如圖中標註所示，個股在前期的震盪走勢中形成3個明顯頭部，隨後股價以一波強勢上揚突破前3個頭部，顯示出多方力量強勁的記號。由於此時的累計漲幅不大，而且這種強勢突破格局預告一波上升行情即將展開，所以是順勢買進的時機。

底部反彈走勢中的買點

　　當股價經歷長期下跌而進入底部時，應關注反彈波段的持續時間。如果

圖2-5 北京君正2018年11月至2019年9月走勢圖

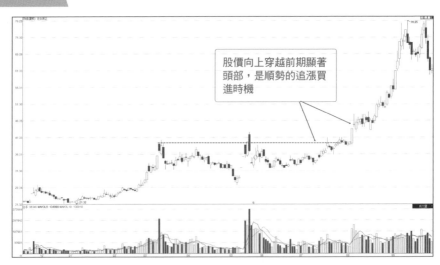

股價向上穿越前期顯著頭部，是順勢的追漲買進時機

圖2-6 鴻路鋼構2018年10月至2019年4月走勢圖

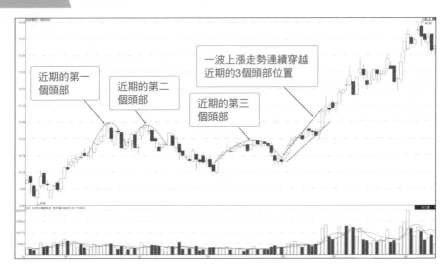

近期的第一個頭部

近期的第二個頭部

近期的第三個頭部

一波上漲走勢連續穿越近期的3個頭部位置

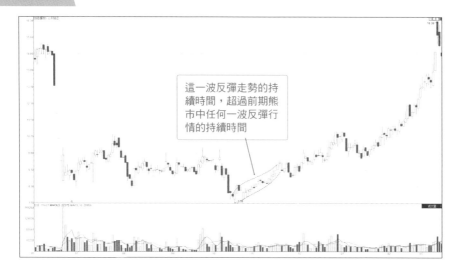

圖2-7　山東赫達2017年6月至2019年3月走勢圖

這一波反彈走勢的持續時間，超過前期熊市中任何一波反彈行情的持續時間

持續時間超過前期熊市中最長的反彈時間，則可以在次級回檔時買進。

圖2-7為山東赫達2017年6月至2019年3月的走勢圖。個股在長期的低位出現一波持續時間較長的反彈上漲走勢，雖然幅度不是很大，但持續時間超過前期熊市中任何一波反彈行情。

持續時間極長的反彈波段代表買盤不斷湧入，是低位多空力量強弱對比發生轉變的訊號，預告趨勢即將轉向上行。在實際操作中，這一波反彈後的回檔低點就是順勢買進的時機。

以上我們講解完江恩趨勢理論提及的3個買點，接下來將繼續講解江恩趨勢理論闡述的賣點。

前期頭部或底部的賣點

當股票在上漲後達到前期的明顯頭部，就是趨勢性賣點。當股票在跌破前期底部的位置下方反覆漲跌，且第一次、第二次、第三次均反彈到前期底部時，可以考慮賣出。

但是，如果股票第四次仍然上漲至相同水準，此時賣出很可能會有踏空

的風險，因為股票隨後出現突破的機率更大（編按：踏空是指，投資者因看跌後市而賣出股票，之後該股卻一路上漲，投資者未能及時買進，喪失獲利的機會）。

圖2-8為洛陽鉬業2018年12月至2019年4月的走勢圖。如圖中標註所示，個股在高位經歷一波深幅下跌之後，打破原有的上升趨勢形態。隨後，當股價反彈回到前期頭部，是一個逢高賣出的時機，因為個股很難突破這個壓力位上漲。

圖2-9為佛塑科技2018年5月至2019年3月的走勢圖。個股在低位構築了階段性底部，隨後破位下行，並持續處於這個底部的下方。

如圖中標注所示，股價反覆上漲，多次向上觸及這個前期底部位置，每次都形成或強或弱的回落走勢。當股價第四次上探至此，才快速突破這個壓力位，並成功實現趨勢的反轉。

▌突破前期底部的賣點

當股票在前期或前一週的低點下方運行，如果一波反彈走勢向上突破這個低點（或一系列的低點），就是逢高賣出的時機。

一般來說，這個被突破的前期低點，從中長期走勢來看仍處於高位，只是因為高位的震盪滯漲而形成低點。當股價向下跌破這個低點，大多意味趨勢仍為下跌。然而，當一波反彈上漲使股價向上突破這個低點，卻不代表趨勢反轉，只能理解為反彈行情，是反彈後逢高賣出的時機。

圖2-10（見52頁）為春興精工2019年1月至10月的走勢圖。個股在高位出現寬幅震盪，隨後向下跌破震盪區的低點，這裡就是之後股價漲跌的前期低點。隨後，當一波強勢反彈向上突破這個前期低點，便是反彈後逢高賣出的時機。

▌跌破階段底部後，反彈波段中的賣點

當股票跌破數週前的底部或前期修正的底部，是趨勢反轉向下的訊號，可以在隨後的次級反彈波段中逢高賣出。

圖2-8 　　洛陽鉬業2018年12月至2019年4月走勢圖

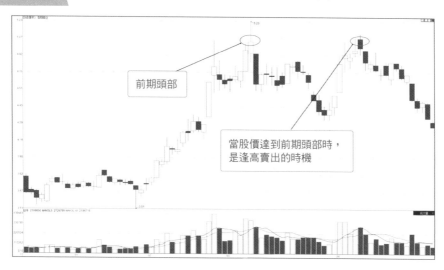

圖2-9 　　佛塑科技2018年5月至2019年3月走勢圖

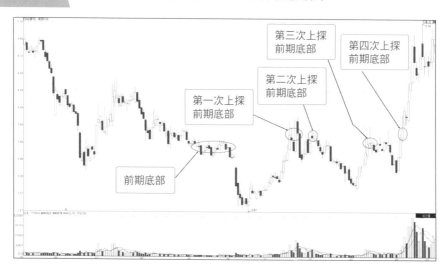

圖2-10　　春興精工2019年1月至10月走勢圖

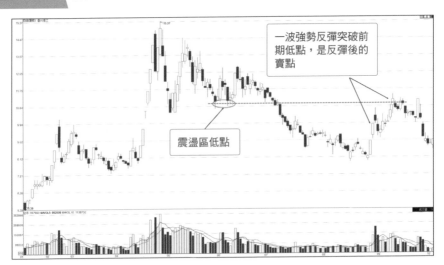

一波強勢反彈突破前期低點，是反彈後的賣點

震盪區低點

圖2-11　　宏達礦業2018年12月至2019年6月走勢圖

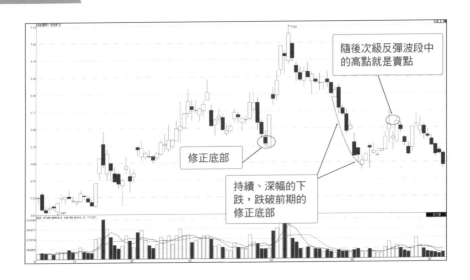

隨後次級反彈波段中的高點就是賣點

修正底部

持續、深幅的下跌，跌破前期的修正底部

　　圖2-11為宏達礦業2018年12月至2019年6月的走勢圖。個股在上升途中出現明確的回檔低點，即修正底部，如圖中標注所示。隨後，股價持續上升並創出新高，但在高位出現快速、深幅的下跌，並向下跌破這個修正底部。這是趨勢反轉向下的訊號，在隨後出現的次級反彈走勢中，投資者應逢高賣出。

2-3

看懂頭部、底部的形態，預測股價走勢更容易

　　研究個股形態就是要知道，在相似的形態出現後，股價隨後比較可能往哪個方向行進。當底部形態構築完成後，一般會有一個進場點，此時是賺取升勢利潤的最佳時機；在頭部形態構築完成後，一般會有一個出場點，此時賣出可以鎖定前期升勢的利潤。

　　道氏理論提到了V底、尖頭、U底、倒U頂、W底、M頭等多種經典的底部與頭部形態，是我們把握趨勢的重要線索。本節將結合實例，來看看如何利用這些經典形態把握買賣點。

▌V底（陡直底）

　　V底是一種陡直的反轉形態，多出現在短期、快速深幅下跌後的低點。當抄底買盤大量進場而推動股價快速上揚，股價走勢形似V字形，故稱為V底。

　　一般來說，個股之所以出現急速的反轉上行走勢，都是與股價的短期超跌密切相關。在基本面沒有明顯變化的情況下，短期內快速、深幅的下跌（特別是中長期低位的快速下跌）多是出於市場恐慌情緒的推波助瀾，這容易吸引抄底買盤大量進場，進而促成股價走勢的急速反轉。

　　V底的反轉只在底部出現一次，想把握最低點，就要結合當時的市場，也要結合個股形態，個股基本面是否變化也是關鍵要點。唯有以上3點配合，抄底買進的風險才是最小。雖然有短線被套的可能，但中長期獲利出場的機率較大，投資者可以適當參與。另外，在V底反轉的過程中追漲進場，

圖2-12　辰安科技2018年10月至2019年6月走勢圖

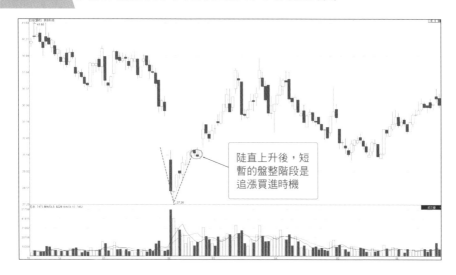

陡直上升後，短暫的盤整階段是追漲買進時機

也不失為一種相對穩妥的策略。此時的V底反轉形態較清晰，雖然短期已有一定的升幅，但基於這種反轉形態的爆發力，與當前仍處於中長期低價位的情況，個股仍有較大的上漲空間。

圖2-12為辰安科技2018年10月至2019年6月的走勢圖。個股在中長期低位深幅下跌，隨後急速反轉，量能明顯放出，股價走勢陡直上升，形成V底反轉。在V底反轉之後的短期盤整階段，就是追漲進場的時機。

∥U底與平底

U底與平底兩種底部形態相似，但不相同。U底形似U字形，左半部為股價緩慢下跌，右半部為緩慢上漲，展現多空力量緩慢轉變的過程；右半部分緩慢上漲會伴隨量能溫和放大，顯示多方力量逐漸增強。平底是股價走勢呈現極窄幅的波動，是多空力量趨於平衡的標記，隨後通常以長陽線宣告盤整結束。

這兩種底部形態均是較緩和的漲跌過程，若是出現在中長期低位，就是多空力量強弱對比緩慢改變的訊號。在實際操作中，U底右半部的陽線或平

底之後的陽線為明確的反轉訊號，此時進場是順勢追漲的行為。

　　圖2-13為百潤股份2018年9月至2019年3月的走勢圖。個股在中長期低位開始止穩，打破原有的下跌形態，且隨著震盪持續，上下波動幅度趨窄，形成一個平底。如圖中標注所示，第一根長陽線是平底之後的第一次突破，此時可少量加碼，第二根長陽線則讓突破形態變得完全明朗，由於趨勢反轉剛剛開始，此時仍可追漲加碼。

W底與三重底

　　W底，也稱為雙重底或雙底，常見於中長期的低位或上升途中。一般來說，出現在中長期低位的W底是二度探底的築底形態，代表股價走勢在低點有較強的支撐，趨勢反轉的機率較大。出現在上升途中的W底要結合震盪幅度來分析，如果上下震盪幅度較大，則演變為M頭的機率較大；如果震盪幅度較小，則多為上升途中的盤整階段。

　　三重底是指在W底的基礎上又多一次下探。由於此區間的震盪時間更長，往往更有利於多方積累力量，使得底部更加牢固。在實際操作中，投資者要結合個股的前期累積跌幅、基本面等因素做綜合判斷。

　　對於W底來說，二次探底時是較好的抄底進場時機，因為第二次回探低點時將遇到較強的支撐，特別是技術性的買盤支撐。但三重底不同，第三次回探低點時，多空分歧加劇，特別是在累積跌幅不夠大時，第三次探底很可能引發破位行情，因此不宜進場，更好的進場時機是在個股突破近期壓力位的時候。以下，我們結合一個實例加以說明。

　　圖2-14為凱普生物2018年7月至2019年4月的走勢圖。個股在中長期低位橫向震盪，且3次下探的位置接近，是較明確的三重底形態。隨後，股價向上突破近期的壓力位，短期漲幅不大，三重底也構築成功，趨勢反轉的訊號相對明確，投資者可適當追漲進場。

尖頂（陡直頂）

　　尖頂，也稱為陡直頂，它與V底正好相反，是一種升勢急速轉為跌勢的

圖2-13　百潤股份2018年9月至2019年3月走勢圖

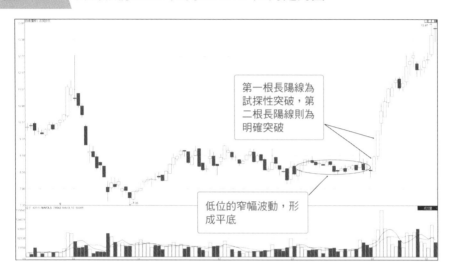

第一根長陽線為試探性突破，第二根長陽線則為明確突破

低位的窄幅波動，形成平底

圖2-14　凱普生物 2018年7月至 2019年4月走勢圖

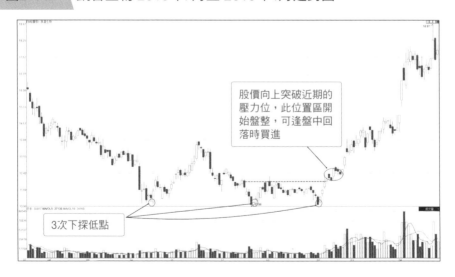

股價向上突破近期的壓力位，此位置區開始盤整，可逢盤中回落時買進

3次下探低點

反轉形態，多出現在高位的一波快速、大幅上漲之後。由於高位的買盤推動力明顯減弱，逢高賣壓又顯著增強，再結合同期市場出現的震盪回落，便引發趨勢的急速調頭。

尖頂的探頂過程只有一次，最佳賣出時間較為短暫，在實際操作中，應結合股價的短期、中長期走勢，以及K線或量價形態所提示的下跌訊號，把握可能引發股價急速下跌的趨勢轉折訊號。此外，投資者一旦發現在高位的個股有構築尖頂形態的跡象，最好在第一時間賣出，而不是等待反彈時機。

圖2-15為帝歐家居2019年1月至6月的走勢圖。個股在高位再度出現快速上漲，隨後引發趨勢的急速轉向，並成功構築尖頂形態。

值得注意的是，探頂的停留時間雖然極短，卻有明確的下跌訊號：一根帶有長長下影線的陰線，伴隨當日的量能放大，表示多空分歧明顯加劇，且以空方獲勝結束。再結合當前位置及短期走勢來看，這種盤中的深幅下探是趨勢有望反轉的訊號。

▌倒U頂與平頂

倒U頂與平頂是兩種相似的頭部形態。倒U頂的左半部為股價緩慢上漲，顯示多方力量逐漸減弱；右半部為緩慢下跌，顯示空方力量逐漸增強。平頂是股價走勢呈極窄幅的波動，表示多空力量趨於平衡，隨後以長陰線宣告盤整結束。

這兩種頭部形態均是股價較緩和的走勢，如果出現在中長期高位，是多空力量強弱對比緩慢改變的訊號。在實際操作中，倒U頂右半部的陰線或平頂之後的陰線為明確的反轉訊號，應及時賣出以規避跌勢加速的風險。

圖2-16為浙江交科2018年9月至2019年1月的走勢圖。個股在高位開始震盪走平，隨後一個實體較長的陰線使走勢破位向下，這時平頂正在構築，投資者宜賣股出場以規避風險。次日，一根實體更長的陰線完全跌破高位震盪區，跌勢開始加速。

圖2-15　帝歐家居2019年1月至6月走勢圖

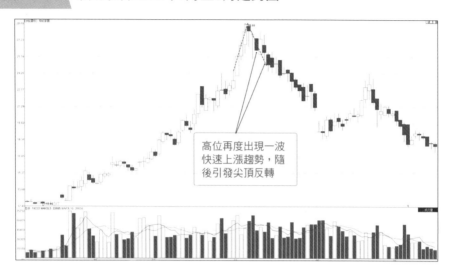

高位再度出現一波
快速上漲趨勢，隨
後引發尖頂反轉

圖2-16　浙江交科2018年9月至2019年1月走勢圖

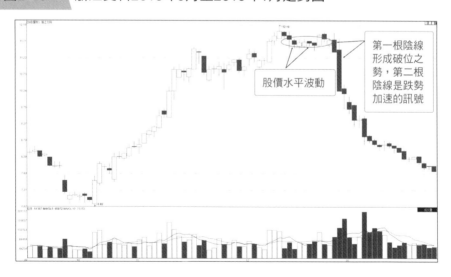

股價水平波動

第一根陰線
形成破位之
勢，第二根
陰線是跌勢
加速的訊號

M頭與三重頂

M頭，也稱為雙重頂或雙頂，常見於中長期的高位或下跌途中。一般來說，出現在中長期高位的M頭是一種二度探頭的築頭形態，代表股價走勢在高點有較強的壓制，趨勢反轉的機率較大。出現在下跌途中的M頭要結合震盪幅度來分析，如果上下震盪幅度較大，則演變為W底的機率較大；如果震盪幅度較小，則多為下跌途中的盤整。

對於M頭來說，第二次探頭是較好的逢高賣出時機，因為第二次上探高點時將遇到較強的壓制，階段性的上下震盪使多空分歧加劇，逢高減倉、清倉成為市場主流行為。

三重頂是指在M頭的基礎上又多一次上探。由於此區間的震盪時間更長，往往更有利於空方積累力量，使得頭部更加牢固。在實際操作中，投資者要結合個股的前期累積漲幅、基本面等因素做綜合判斷。以下我們結合實例加以說明。

圖2-17為金新農2019年1月至7月的走勢圖。個股在高位3次上探高點，形成橫向震盪走勢，上下震盪幅度較大且前期累積漲幅大，是明確的三重頂形態，預告趨勢隨後轉向下行的機率極大。在實際操作中，當股價上探高點時，投資者宜逢高賣出。

頭肩底與頭肩頂

頭肩頂常出現在頭部，頭肩底常出現在底部，這是兩種常見的反轉形態，發出的趨勢反轉訊號較為準確。

圖2-18為標準的頭肩底形態示意圖，其形成過程是：首先股價在下跌過程中形成左肩；接著，空方力量仍然不小，隨後的下跌讓股價再創新低，形成頭部；此時，股價出現較大反彈，代表多方力量持續增強、空方力量正在減弱；在股價反彈遇到壓力後，形成右肩；最後，個股經歷短暫的休整，再次向上行進，完成整個頭肩底形態的構築。在此過程中，股價突破頸線就是形態構築完成。

頭肩頂正好相反，出現在大幅上漲後的高位，同樣由左肩、頭、右肩3

圖2-17　金新農2019年1月至7月走勢圖

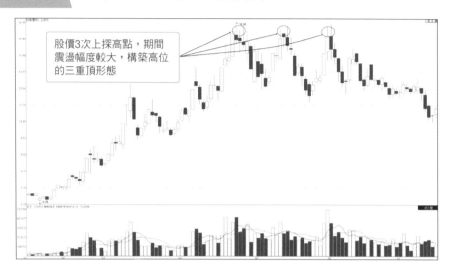

股價3次上探高點，期間
震盪幅度較大，構築高位
的三重頂形態

圖2-18　標準的頭肩底形態示意圖

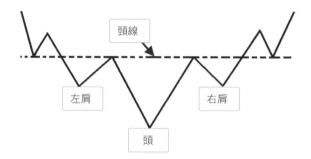

頸線

左肩

右肩

頭

個部分構成，左肩與右肩基本上齊高，頭部要高於兩肩。一般來說，頭肩底
與頭肩頂的形態越開闊、構築時間越長，代表的趨勢反轉訊號也越準確。以
下我們結合實例加以說明。

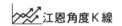

圖2-19　世榮兆業2018年3月至7月走勢圖

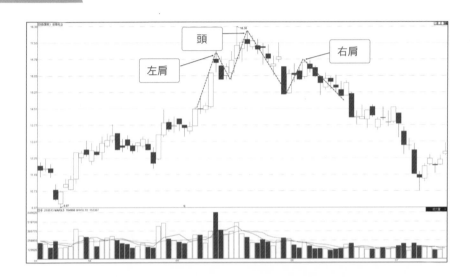

　　圖2-19為世榮兆業2018年3月至7月的走勢圖。個股在高位構築一個頭肩頂形態，右肩出現時，表示個股的上漲動力明顯減弱，應及時賣出以規避趨勢轉向的風險。

2-4 主要趨勢必經4階段，從空間、時間準確判斷變化

　　判斷主要趨勢是否持續推進，是至關重要的，這直接關係到投資者對倉位的控制。無論是牛市還是熊市，主要趨勢形成之後，會延續一段較長的過程，且經過幾個明顯的階段。

　　本節中，我們以江恩趨勢理論對主要趨勢4個階段的概述為基礎，結合趨勢變化的空間運動、時間週期等要素，來看看如何明確地判斷主要趨勢的轉變。

▋牛市與熊市的4個階段

　　江恩趨勢理論將牛市與熊市分為4個階段，我們先從牛市來看。牛市的第一階段包括底部之後的一波上漲，以及隨後的次級回檔；第二階段包括緊隨其後的一波上升趨勢，以及次級回檔。

　　第三階段是上升趨勢達到最高點的整體上漲波段，不包括達到最高點之後的回檔走勢；第四階段是頭部的反覆震盪過程。第四階段對觀察牛市結束或趨勢轉向至關重要，因為很多頭部形態都是在這個階段形成。

　　以下看看熊市的4個階段。一般來說，熊市的第一階段會出現一波快速、深幅的下跌，這一波下跌與升勢中的次級回檔完全不同，它打破上升趨勢的推進形態，並出現次級反彈波段。第二階段是新一波的下跌，並創出近期新低，緊接著是一波中級反彈波段。

　　第三階段的下跌使股價跌到更低的位置，此時的累積跌幅已經較大，如果市場沒有明顯利空，往往就到了熊市的終點；第四階段是底部的反覆震

盪。第四階段對於觀察熊市結束或趨勢轉向至關重要,很多底部形態都是在這個階段形成。

當然,也有一些較為極端的情況,比如出現多達7段的上漲或下跌,但這種罕見的大行情往往要相隔很多年才會出現一次。

空間運動分析法

江恩趨勢理論認為,在一波回落走勢中,如果下跌幅度超過之前最大的下跌波段,便是趨勢產生變化的跡象。

當然,這種情況是指前期已走出明顯的主升浪與回檔浪,而不是在低位剛剛反轉上行之際。在牛市中,當市場已出現至少3段上漲,就可能出現一波幅度最大的回落。

例如,當最大回落幅度為15%,如果股價出現超過15%的回落幅度,則可將其視為趨勢轉向的訊號。在實際操作中,投資者可以在隨後的反彈波段逢高賣出,而不是繼續採取中長線的持股待漲策略。

圖2-20為國軒高科2018年11月至2019年5月的走勢圖。圖中標注3段上漲及回檔走勢:第一段上漲隨後橫向盤整;第二段上漲隨後小幅回落;第三段上漲隨後回落幅度超過前兩段。

依據空間運動分析法,此輪上升趨勢已經歷3段上漲,且第三段之後的回落幅度較大,超過前兩段,所以是主要趨勢發生轉變的訊號。

時間週期分析法

江恩趨勢理論認為,無論是牛市還是熊市,在主要趨勢中只有3段或4段行情,當次級趨勢的持續時間,超過先前出現的多個次級趨勢時,就是主要趨勢發生轉變的訊號。

例如,在牛市中,前3段上漲行情之後的次級回檔走勢,持續時間最長為3週,若此時出現持續超過3週的次級回檔走勢,則可視為主要趨勢發生變化的訊號,應配合股價波動逢高減倉或賣出,以規避頭部轉向的風險。同樣的方法也可用於分析熊市。

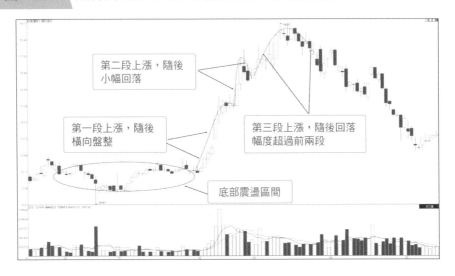

圖2-20　國軒高科2018年11月至2019年5月走勢圖

圖2-21（見下頁）為中材科技2018年10月至2019年5月的走勢圖。對於此輪上升趨勢，圖中標注幾段明顯的回檔走勢：第一段回檔走勢的持續時間為2週左右，第二段為1週左右，第三段則持續將近3週。第三段回檔走勢的持續時間明顯超過之前任何一段回檔走勢，所以是主要趨勢發生變化的訊號。

▌底部抬升與頭部下移分析

在中長期的低位，特別是急速、深幅下跌之後，如果個股在震盪中形成更高的底部，這種底部抬升形態往往是**趨勢轉變的訊號**。抬高的底部代表較強的多方力道，一般來說，在第二個或第三個抬升的底部位置，往往會出現力道較強的上漲波段，且期間少有回檔。

圖2-22（見下頁）為新野紡織2018年8月至2019年4月的走勢圖。圖中標注3個明顯的回落底部，每個後續出現的底部都略高於前一底部，這就是典型的底部抬升形態。

從中長期來看，股價當前處於低位，而底部抬升形態的出現代表多方力

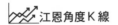
圖2-21   中材科技2018年10月至2019年5月走勢圖

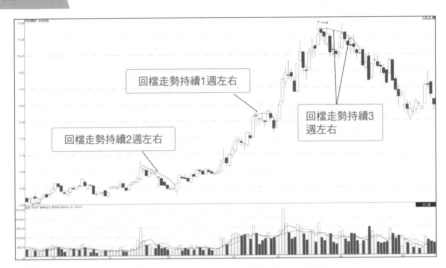

回檔走勢持續1週左右

回檔走勢持續2週左右

回檔走勢持續3
週左右

圖2-22   新野紡織2018年8月至2019年4月走勢圖

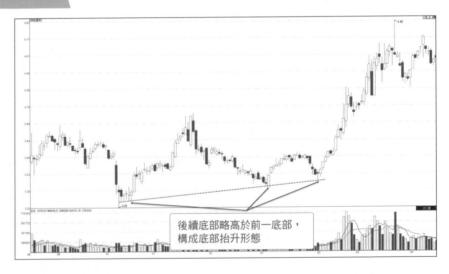

後續底部略高於前一底部，
構成底部抬升形態

圖2-23　韻達股份2019年5月至12月走勢圖

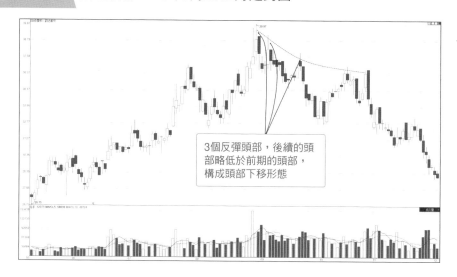

量在震盪中不斷加強。在實際操作中，可以逢股價回落時買股佈局。

　　底部抬升是熊市轉牛市的訊號，頭部下移則正好相反，是牛市轉熊市的訊號。在中長期的高位，特別是短期快速、大幅上漲之後，如果個股在震盪中形成更低的頭部，這種頭部下移形態往往是趨勢轉變的訊號。

　　下移的頭部代表多方力量不斷減弱，在第二個或第三個下移的頭部位置，往往會出現力道較強的下跌波段，且期間反彈較弱。

　　圖2-23為韻達股份2019年5月至12月的走勢圖。個股在高位反覆震盪，如圖中標注所示，後續出現的頭部都略低於之前的頭部，是典型的頭部下移形態。由於個股正處於中長期高位，這種頭部下移形態是多方力量明顯減弱的訊號，也是主要趨勢即將改變的預兆。

2-5 抓住次級趨勢的變化，穩穩賺足短線獲利

次級趨勢與主要趨勢的方向相反，是對主要趨勢的修正，由於其波動幅度往往較大，因此在次級回檔（出現在上升趨勢）中把握回落低點，或是在次級反彈（出現在下跌趨勢）中把握反彈高點，並不是很容易。江恩趨勢理論總結相關的方法，幫助我們把握次級趨勢的變化，在實際操作上具有參考價值。

▌次級上漲的變化

當個股持續上漲，隨後在相同價位附近形成頭部，且頭部附近的區間非常狹窄，然後價格向下跌到2週或多週的底部下，就是次級上漲走勢反轉的訊號，預告原有下跌趨勢的大反彈波段結束，新一波下跌走勢即將展開，個股再度回歸到下跌主趨勢的機率較大。在實際操作中，投資者應考慮在反彈高點賣出。

▌次級回檔的變化

當個股持續回落，隨後在相同價位附近形成底部，且底部附近的區間非常狹窄，然後股價向上突破2週或多週的頭部時，就是次級回檔走勢反轉的訊號，預告原有上升趨勢的大回檔波段結束，新一波上漲走勢即將展開，個股再度回歸到上升主趨勢的機率較大。在實際操作中，投資者應以逢低買進為主要考量。

交投平淡的市場

當個股處於交投平淡的狀態，股價走勢多以窄幅的橫向行進為主。若此時股價不處於明顯的高位或低位，就很難判定主要趨勢的發展方向。但是，這種交投平淡的狀態，會隨著交易持續、市場情況的改變而打破，我們應密切關注它隨後的方向是向上突破，還是破位下行。

無論結果如何，投資者都應順勢而為，採取中線策略，而不是在破位時低買或者在突破時高賣，因為這種短線操作很容易成為趨勢剛展開時的逆勢交易。

次級趨勢的持續時間

對於較大規模的主要趨勢而言，次級趨勢雖然相對短暫，但往往能持續數週。江恩趨勢理論認為，牛市出現次級修正時，股價通常會回檔3～4週，在第四週出現反彈且收盤價更高，而相對劇烈、快速的回檔一般只持續2週。如果出現3～4週的回檔，隨後先上漲再跌破之前回檔波段的低點，很可能是主要趨勢發生變化的訊號。

至於熊市，次級反彈一般會持續2～4週。熊市如果出現3～4週的反彈，隨後先回落再上漲，並突破之前反彈波段的高點，很可能是主要趨勢發生變化的訊號。

第 3 章

畫出江恩角度線，
讓你輕鬆掌握支撐與壓力

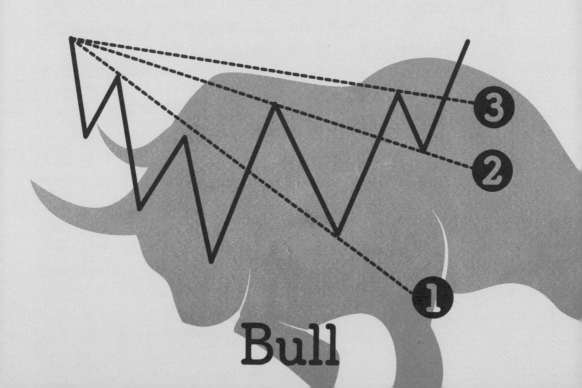

Bull

3-1

透過2步驟，
可以迅速繪製江恩角度線

江恩角度線（Gann Fan），又稱作甘氏線，是十分常見的技術分析工具，大多數股票軟體也有提供相應的畫線工具。

角度線是江恩技術分析體系中十分重要的一環，有著十分直觀、清晰的視覺效果。關於角度線的重要性，江恩指出：「一旦完全掌握角度線的用法，就能發現任何股票趨勢。」

江恩角度線並非單獨的一、兩條直線，而是遵循幾何標準所構成的一組直線。投資者可以針對不同的股價漲跌模式，畫出特定組合的角度線。

縱橫交錯的角度線結合個股的波動，既可以呈現長期趨勢，也可以指出中短期走勢；不僅能呈現股價走勢的強弱、變化和轉向，還可以指出股價的波動範圍，進而幫助投資者提前了解股價行進的重要價位。

本節中，我們從最簡單的角度線畫法開始，看看如何把股價的歷史行進軌跡畫入江恩設計的角度坐標系統。

▌畫出方格圖

江恩角度線是一組角度固定的直線，它們的角度有大有小，將這些角度線疊加在個股走勢圖上，可以用來提前指出股價行進的方向。

畫角度線之前，要先建立二維座標平面，其中橫軸為時間，單位可以是日、週、月，其週期越短，對價格的反應越靈敏，但在呈現整體趨勢上相對差一些。在實際操作中，日角度線與週角度線最重要，前者指示中短線操作，後者呈現趨勢方向。

要畫出江恩角度線，首先要了解方格圖。什麼是方格呢？從幾何上來說，就是「長度＝寬度」的小正方形，可以用對角線以45度角的方式，將一個方格一分為二。

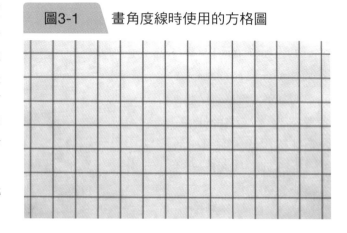

図3-1　畫角度線時使用的方格圖

這樣畫方格圖：先畫出一個大的正方形，底邊為X軸顯示時間，左邊為Y軸顯示價格，接著以等距離與橫軸平行畫出若干條平行線，再以相同距離與縱軸平行畫出若干條垂直線。這些直線將大的正方形區域分成一個個小方格。

例如，我們要在28個交易日的走勢圖上畫出江恩角度線，那麼在橫軸上至少需要28個方格，在縱軸上也要畫出28個方格，這就是一張28×28的方格圖。圖3-1展示畫角度線時需要使用的方格圖。

畫出角度線

畫出方格圖之後，可以著手畫角度線。根據江恩角度線理論，有7條角度線最重要，分別是1×1角度線、1×2角度線、1×4角度線、1×8角度線、2×1角度線、4×1角度線和8×1角度線。

這是一種「T×P」的標識方式，T為時間（Time），P為價格（Price）。值得注意的是，江恩的原文中往往用「2×1」來同時標識1×2角度線與2×1角度線，但為了方便講解，我們分開標識以免混淆。

這些T×P角度線究竟是什麼意思呢？首先，要了解角度線是一種對角連線而成的直線，任何一條角度線都是對角線，只是長寬比不同。其次，結合方格圖，以2×1角度線為例，就是在「橫向2個單位格，縱向1個單位格」所構成的矩形區域中，畫對角線而得出。同理，1×2角度線就是在「橫向1個

單位格，縱向2個單位格」所構成的矩形區域中，畫對角線而得出。

圖3-2畫出幾條重要的角度線。這是以底部啟動點為原點（即圖中B點）所畫出的角度線模型圖，此外還有以頭部啟動點為原點的角度線圖，我們會在後面的小節中講解。

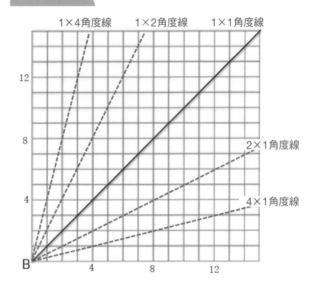

圖3-2　江恩角度線模型圖

縱坐標的單位

在江恩角度線模型圖中，橫軸的單位為時間，一個單位格代表一個交易日、交易週或交易月，那麼縱軸呢？其實，這是江恩角度線用法的最大爭議之處。由於江恩沒有提出確切的縱軸單位，只是粗略提到縱軸的測量單位為波動率，即股價的波動速率；江恩並未提出確定波動率的具體方法，因此不同技術分析者對波動率的理解不盡相同，江恩角度線的用法具有不確定性。

當前有一種主流的確定波動率方法：「波動率＝價格幅度差÷時間週期」。價格幅度差就是高點與低點之間的價格差。高點與低點是確定江恩45度角時需要使用的兩個點，兩點之間的走向可以是從高點到低點、從低點到高點，或從低點到低點，取決於江恩角度線指示的股價行進方向。

但是，這種確立縱軸的方法有個缺點，就是可能忽視股價波動速度的快慢，特別是將時間週期縮短後，那些漲速很緩慢的個股也會呈現45度角的上漲效果，給人一種相對強勢的感覺，但實際上並非如此。為了彌補不足，我們可以修正這種方法，將時間週期拉長，充分展示個股在較長時間跨度內的上下波動情況，就能展現江恩角度線關於波動率的核心理念。

45度角的核心作用

在江恩對於角度線的論述中，45度的角度線是中心線，代表股價波動不急不緩。只要打開個股日K線走勢圖，將時間週期拉長，很容易就能識別45度角的波動率。有些個股的上漲速度緩慢，如同蝸牛爬行，波動率顯然小於45度角；有些個股的短線上漲節奏快，處於明顯的強勢格局，波動率就會大於或等於45度角。

那麼，多長的時間週期比較能展現江恩描述的波動率呢？根據我的經驗，在日K線走勢圖上，我們應採用不少於半年且不超過一年的時間週期，來畫江恩角度線。

若時間週期過短，無法表現股價行進的趨勢特徵，角度線很難準確呈現支撐位與壓力位。反之，若時間週期過長，股價巨大的波動幅度會導致縱軸過長，失去與橫軸相對平衡的比例，角度線就不能反映個股波動率，實戰性較差。

當然，在實際操作中，投資者要結合個股走勢特徵來選擇時間週期，只要能妥善呈現個股的波動率，角度線就能發揮很好的效果。半年是江恩理論中較為重要的時間週期，既不算長期，也不算是短期，在這段週期內，一般可以找到個股的趨勢行進狀態。以下我們結合實例加以說明。

圖3-3（見下頁）為鹿港文化2018年5月至2019年4月的走勢圖，圖3-4（見下頁）為濱化股份2018年6月至2019年5月的走勢圖，兩張走勢圖的時間跨度均為一年。鹿港文化在築底後的攀升走勢中，上漲速率明顯極慢，若依據它的波動低點畫出江恩角度線，顯然是小於45度，反映出個股上漲勢頭較弱的特徵。相較之下，從濱化股份低位畫出的角度線，就接近45度角，展現出個股較強勢的行進狀態。

在了解江恩角度線的畫法之後，我們可以這樣理解：角度線不僅以價格為單位來定義股價漲跌，還考慮到時間，每條角度線均是由時間和價格來共同決定。只要從股價走勢圖中的每個明顯頭部和底部，畫出角度線，它們或形成價格通道，或彼此互相交叉。利用不同角度線之間的關係，不僅能看出何時將出現趨勢反轉，也能確定會反轉到何種價位。

圖3-3　　鹿港文化2018年5月至2019年4月走勢圖

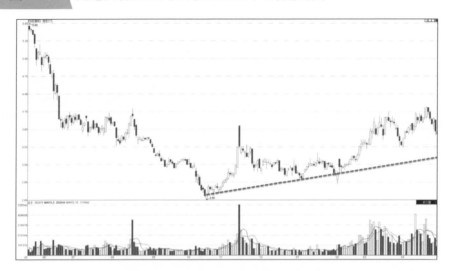

圖3-4　　濱化股份2018年6月至2019年5月走勢圖

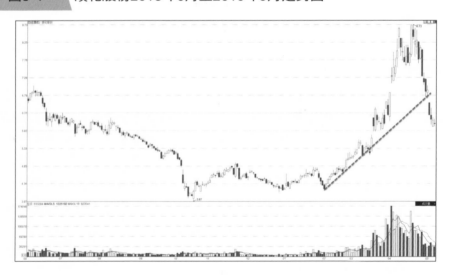

3-2 上升走勢中，畫出向上傾斜的角度線找買賣點

當股價經歷中長期下跌而處於明顯低點，若出現震盪走高的行進格局，就可以透過上傾的江恩角度線來把握趨勢發展。主要有兩種方法：一是在升勢延續的格局下標示支撐位與壓力位，二是在升勢轉弱的格局下標示支撐位與壓力位。

45度角的大方向

在江恩角度線理論中，45度角占據核心地位，它在升勢中是持續上漲的保障，同時也是多空強弱格局的分水嶺。當個股從低位開始震盪向上，只要沒有突破角度線，就代表多方力量依舊占據明顯主導地位，即使股價出現回落，也只理解為少量獲利盤出場，是短線上的回檔。

當角度線被明顯跌破且無力收復，特別是在股價已大幅度下跌的前提下，就是預告多空力量的強弱對比出現轉變，趨勢可能轉弱，甚至反轉向下，投資者更應注意風險。

圖3-5（見下頁）為鄭煤機2016年5月至2017年4月的走勢圖。當個股開始震盪向上並脫離底部，依據其上升行情前的低點畫出一條傾斜向上的45度直線，就是江恩角度線的1×1中心線。結合個股走勢來看，只要股價相對穩健地圍繞角度線行進，就代表升勢力量較強，多方占據明顯主導地位，持股者不必急於獲利賣出。

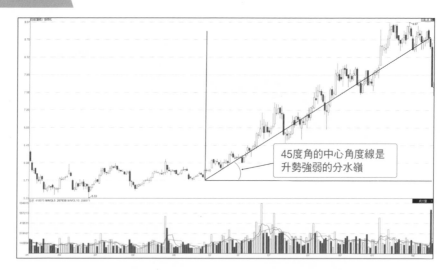

| 圖3-5 | 鄭煤機2016年5月至2017年4月走勢圖 |

> 45度角的中心角度線是
> 升勢強弱的分水嶺

震盪上行的角度線用法

當個股自低點開始震盪上行，只要上漲速度不過於緩慢，且保持相對強勢的特徵，我們就能透過拉長或縮短時間軸的方式，使震盪主線接近45度角，進而以這條角度線為中心軸，畫出其餘各條輔助角度線。然後，結合股價波動與角度線之間的位置關係，可以大體判斷出個股隨後將遇到的支撐位、壓力位及行進節奏。

當股價在45度角度線上方運行，是較強勢的市場格局，多方力量的優勢明顯。我們可以關注個股隨後是否有向上突破1×2角度線的傾向，因為這條角度線暫時對股價有壓力作用，一旦被完全突破，往往就是升勢加速的訊號，也是短線追漲的依據之一。

在持續行進之後，若股價向下跌破45度角度線，且長時間停留在其下方，則是多方力量暫時減弱、上升節奏放緩的訊號，如果累積漲幅較大，投資者應注意規避見頂的風險。

此時，45度角度線下方的2×1角度線具有支撐作用，在個股累積漲幅不大，且股價回檔至這條角度線附近時，由於短線修正幅度較充分，且遇到技

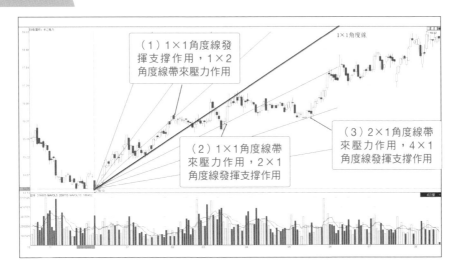

圖3-6　長江電力2018年10月至2019年8月走勢圖

術性支撐，因此是比較好的回檔買進時機。以下我們結合實例加以說明。

　　圖3-6為長江電力2018年10月至2019年8月的走勢圖。個股在低位止穩後開始震盪攀升，雖然上漲速度不快，但多方強勢特徵明顯，我們可根據其攀升節奏畫出45度角度線。

　　在股票行情軟體的畫線工具中，江恩理論的角度線就是軟體中的「甘氏線」。連接起點與終點的線段是45度角度線，其餘位於45度角度線上方的1×2角度線、1×4角度線，以及位於45度角度線下方的2×1角度線、4×1角度線、8×1角度線，會自動顯現。

　　在使用畫線工具的甘氏線時，會發現連接起點與終點的線段角度可以隨意改變，不一定是45度角，可見股票行情軟體中的角度線畫法，與江恩最初使用並描述的手工畫法不完全一致。然而，為了準確地使用角度線，應力求選出讓線段角度接近45度的起點與終點，才能符合江恩角度線的幾何原理。

　　在圖3-6中，我們首先沿著個股的上行軌跡，連接最初兩個相鄰的回檔低點，畫出45度的角度線。

　　隨著走勢持續，各條角度線之間的距離開始變大，此時與股價最接近的兩條角度線最重要。股價下方的1×1角度線（即45度角度線）發揮支撐作

用，股價上方的1×2角度線帶來壓力作用，股價在兩條角度線之間震盪上行，如圖中（1）所示。

隨著走勢繼續行進，股價向下跌破45度角度線，這是中短期內多方力量開始轉弱的訊號，但個股累積漲幅不大，且整體上升形態依舊良好，因此並不是趨勢轉向下行的訊號。

這時，下方的2×1角度線將發揮支撐作用，而上方的1×1角度線將帶來壓力作用，如圖中（2）所示。

當股價經過一段時間的橫向盤整，並向下跌破2×1角度線，下方的4×1角度線將發揮強支撐作用，如圖中（3）所示。結合個股的整體行進軌跡來看，這是個股中短期內修正較為充分的位置，適合實施升勢中的回檔買進操作。

深幅修正的角度線用法

隨著上升走勢持續，多方力量進一步積蓄，個股的上升節奏也會加快，並向上突破1×2角度線，但這種突破往往會導致獲利盤加速出場，使個股無法站穩於高位，並引發深幅修正。

一般來說，如果股價以長陰線的形式向下跌破1×2角度線，出現深幅修正的機率比較大，特別是當個股的中短期漲幅較大時，修正幅度往往更大，持股者應注意規避風險。

圖3-7為三維通信2018年2月至2019年8月的走勢圖。個股在短期上漲後的高點出現回落走勢，以長陰線跌破1×2角度線，代表此角度線對股價的支撐力較弱，是短期內空方力量較強的訊號，預告股價隨後仍有回落空間。

值得注意的是，在圖中標注的第二次短期回落走勢中，個股不僅位於短期高點，中期累積漲幅也極大，這次長陰線跌破1×2角度線的現象，不僅預告短期的深幅修正，還成為趨勢轉向的訊號。

急速上漲的角度線用法

對於短期急速上漲的個股來說，投資者可以借助江恩角度線把握賣出時

| 圖3-7 | 三維通信2018年2月至2019年8月走勢圖 |

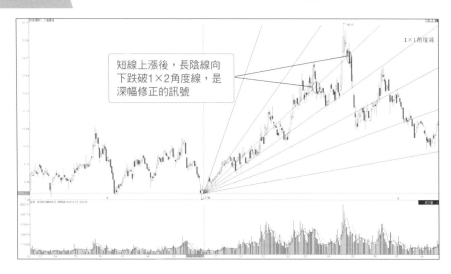

機。若個股連續收於長陽線，使得上升軌跡十分陡峭，這一角度往往接近1×8角度線。

我們可以讓1×8角度線貼近個股的上升軌跡，並位於個股軌跡下方，由此得到的1×1角度線也是接近45度角。

只要個股依舊站在1×8角度線上方，就表示多方力量仍占主導地位，且積極推動個股上漲，投資者仍可短期持有，爭取實現短線利潤最大化，不必急於賣出。

若個股向下跌破1×8角度線，表示多空分歧開始加劇，多方力量不再明顯占優勢，這時1×8角度線將對股價上揚形成壓力，當股價向上接觸此線時，投資者宜逢高賣出，鎖定利潤出場。

圖3-8（見下頁）為三安光電2018年9月至2019年8月的走勢圖。個股在中長期深幅下跌後的低點，出現急速反轉上行，連續收於長陽線，因此上升軌跡十分陡峭。

如前所述，這個上升角度往往接近1×8角度線，畫出該線後，可見到股價在隨後的高點向下跌破，且1×8角度線轉變為壓力位。當股價向上觸及1×8角度線時，就是中短線逢高賣出的較佳時機。

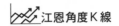

圖3-8　　三安光電2018年9月至2019年8月走勢圖

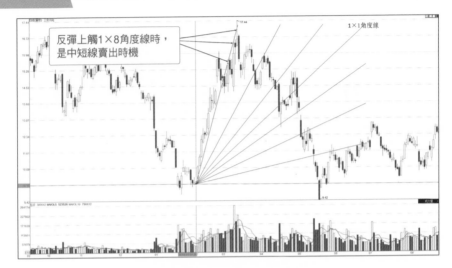

3-3 下跌走勢中，3招角度線用法助你把握機會

與震盪上行相反，震盪下行的角度線是從高點引出、向下發散。以向下的45度角度線（即向下的1×1角度線）為中心線，結合股價的波動特點，就可以把握跌勢的變化與中期底部的出現。

震盪下行的角度線用法

在個股自高點開始震盪下行後，我們可以畫出向下傾斜的角度線。若其下行方式不急不緩，且具有明顯的震盪特徵，可以依據下行軌跡以1×1角度線為中心；若其下行速度較快，可以依據下行軌跡以1×4或1×8角度線為中心。

沿45度角下跌的方式往往會持續較長時間，當股價持續行進在角度線下方，且累積跌幅不夠大，投資者不要輕易抄底進場。

至於軌跡較陡峭地快速下跌，在短期內會形成巨大跌幅，但若不是被重大利空觸發，那麼持續性就不強，股價在低位止穩後容易出現強勢反彈，投資者可以關注股價能否突破具有壓力作用的角度線。

震盪下行過程中的角度線用法，與震盪上行的用法相似，當股價行進在兩條角度線之間，上方的角度線對個股帶來壓力作用，只要不突破此線，股價繼續震盪向下的機率較大，而下方的角度線則對個股發揮支撐作用，當個股向下觸及此線，出現反彈的機率較大，這可以幫助我們把握下跌行情中的反彈進場時機。

圖3-9　宜華生活2017年1月至2019年7月走勢圖

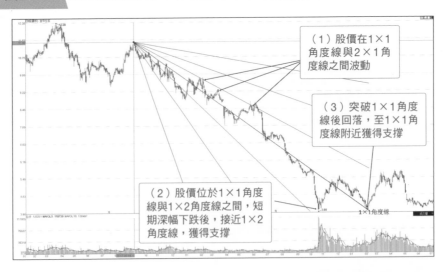

　　圖3-9為宜華生活2017年1月至2019年7月的走勢圖。個股在高位開始震盪下行，下跌速度不急不緩，且有明顯的震盪過程。依據這種震盪特徵，我們連接相鄰的高點畫出一條向下傾斜的45度角度線，它指出趨勢行進的大方向，在圖中將其標示為1×1角度線。

　　只要股價一直上下圍繞這條角度線行進，就表示空方力量依舊占據主導地位，跌勢持續的機率較大，投資者不宜過早抄底進場。特別是在累積跌幅不夠大的情況下，若過早買進，很可能會虧損慘重。

　　在1×1角度線下方，分別是1×2、1×4、1×8角度線，它們代表下跌速度不斷加快。在1×1角度線上方，分別是2×1、4×1、8×1角度線，代表下跌速度不斷放緩。

　　如圖所示，在個股從高點震盪向下的最初階段，股價位於1×1角度線與1×2角度線之間，1×2角度線具有一定的支撐作用，即當股價快速下跌至1×2角度線附近時會遇到支撐，易出現反彈走勢，而1×1角度線則具有壓力作用，即當股價反彈至此線附近時，會受到壓力並再度回落。

　　隨後，如圖中（1）所示，此時的股價向上突破1×1角度線，並在1×1與2×1角度線之間波動，這是跌勢放緩的跡象，但並非趨勢見底的訊號，因

為股價重心仍在震盪向下，且累積跌幅不夠深。這時的1×1角度線對股價的短線回落發揮支撐作用，2×1角度線則對股價反彈帶來壓力作用。

在長期、深幅的下跌之後，股價再度跌破1×1角度線，並加速向下靠攏1×2角度線，如圖中（2）所示。由於個股累積跌幅巨大，且短線跌幅也極大，市場短期內處於明顯的超賣狀態，因此當股價接近1×2角度線附近時，容易出現強勢反彈，是投資者進場搏取反彈的好時機。

果然，股價在1×2角度線附近出現強勢反彈，隨後向上突破1×1角度線，短線反彈幅度較大，而且1×1角度線對股價具有明顯的壓力作用，因此是反彈行情中的賣出時機。

但由於股價已經突破1×1角度線，使得此線由原來的壓力作用轉變為支撐作用，當股價再度出現短期深幅修正，且向下靠攏1×1角度線時，會是中短線的進場時機，如圖中（3）所示。

▌滑坡式下跌的角度線用法

滑坡式下跌是一種常見的下跌形態，個股在下跌過程中雖然不是急速向下，但是期間少有震盪反彈，且以連續的中小陰線為主，使得股價的下跌軌跡較為陡峭，明顯大於45度。

對於這種形態，可以根據股價下跌的陡峭程度，選取1×2角度線或1×4角度線來框定其下跌軌跡，並以1×1角度線來確定下跌趨勢，只要個股依舊處於1×1角度線下方，就代表下跌趨勢並未改變。

圖3-10（見下頁）為健民集團2018年2月至2019年1月的走勢圖。個股在高位開始連續下跌，起初下跌速度不快，但幾乎沒有明顯反彈，股價呈滑坡式下行，是一種相對陡峭的下跌形態。依據下跌特徵，我們可以用1×4角度線來指示其下跌軌跡，如圖中（1）所示。

股價隨後沿著1×4角度線下跌，且始終位於1×4與1×8角度線之間，這是空方占據絕對主動地位、下跌趨勢加速的訊號。雖然中短期跌幅較大，卻是以連續的小陰線、十字星不斷下跌，並沒有出現連續的長陰線，也沒有加速釋放空方力量的過程，因此股市在短期內沒有進入超賣狀態，此時不適合抄底進場。

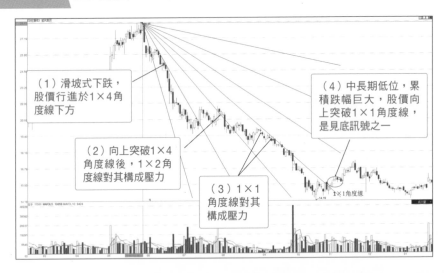

圖3-10　健民集團2018年2月至2019年1月走勢圖

　　隨後，股價向上突破1×4角度線，並開始在1×4角度線與1×2角度線之間波動，如圖中（2）所示。這時1×2角度線對股價反彈構成壓力，1×4角度線則形成支撐，但在股價沒有向上突破1×1角度線之前，股價行進方向並沒有明顯轉變，對中長線投資者來說，不是抄底進場的時機。

　　隨著持續震盪下跌，股價開始在1×2與1×1角度線之間運行，如圖中（3）所示。此時的1×1角度線對股價具有強大壓力作用，股價再度出現大幅度下跌，使個股的累積跌幅繼續擴大，股價開始進入中長期的低位。

　　如圖中（4）所示，在中長期的低位，個股再度止穩回升，並向上突破1×1角度線。由於1×1角度線是多空整體力量的分水嶺，結合個股的累積跌幅及估值狀態來看，個股有望出現築底走勢，中長線投資者可以逢短線回落時，適當地買進佈局。

▌急速下跌的角度線用法

　　在盤整之後或是短線大幅上漲之後，一旦個股破位向下，而且同期的大盤走勢下跌，就容易出現急速下跌走勢。

圖3-11 郴電國際2018年10月至2019年8月走勢圖

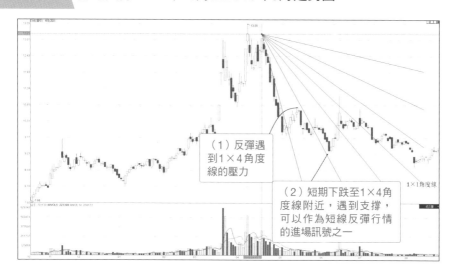

　　急速下跌走勢是以連續的中陰線、長陰線為醒目標誌，股價下跌軌跡異常陡峭，與滑坡式下跌相比，它的下跌速度更快、角度更大。一般來說，可以選用江恩角度線中的1×8角度線，來指示其行進軌跡，預判支撐位與壓力位。下面，我們結合案例加以說明。

　　圖3-11為郴電國際2018年10月至2019年8月的走勢圖。個股在大漲後的高點連續出現中陰線，是趨勢反轉的重要訊號，預告可能出現急速下跌，此時可以用1×8角度線指示行進軌跡。

　　如圖中（1）所示，當股價向上突破1×8角度線，是短期下跌速度放緩的訊號，有望迎來反彈。但是，當股價反彈至1×4角度線附近，會再度遇到壓力，投資者如果參與短線反彈行情，應注意逢反彈高點賣出。

　　隨後，股價在橫向盤整的過程中突破1×4角度線，當股價在1×4角度線上方，再度出現短線深幅下跌，並接近1×4角度線時，這條線會具有較強的短期支撐作用，投資者可以適當短線參與來搏取反彈，如圖中（2）所示。

　　接著，個股迎來一波強勢反彈，向上連續突破1×2、1×1角度線。對於這種短線強勢反彈，不應提前預判角度線的壓力作用，因為角度線與角度線之間的空間不大，強勢反彈可以輕易連續突破多條角度線。最好是結合其他

技術形態，例如K線形態、量價形態等，來把握反彈高點。

之後，股價運行於1×1角度線上方，雖然此線是多空力量的分水嶺，但個股累積跌幅不夠大，且在1×1角度線上方沒有明顯的止穩形態，股價依舊沿著1×1角度線不斷下跌，投資者可以結合股價波動來把握買進時機。

一般來說，當股價經過一波快速下跌，且向下接近1×1角度線時，會是相對理想的中短線買進時機。

3-4 趨勢線是簡化的角度線，更適合實戰應用

前文講解了依據股價上漲或下跌軌跡的陡峭程度，來運用角度線的方法，但這只是一種近似的方法，而且使用起來相對複雜。在實際操作中，投資者要先結合股價行進的特點畫出準確的角度線，才能做出判斷。但是，準確畫出江恩角度線並不是容易的事，因為江恩沒有具體提出確定股價波動率的方法，於是後人在繪製角度線時難免帶有主觀。

如果我們仔細思考江恩角度線的設計理念，會發現角度線最重要的作用是標示出支撐位、壓力位隨著股價行進的轉變。這代表，理想的角度線一定是與股價的波動節奏相互配合，而股價的波動節奏主要展現在最初相鄰低點（或高點）之間的位置關係。因此，我們可以在實戰中簡化角度線，也就是畫出下面講解的「趨勢線」。

▌上升趨勢線畫法

趨勢線可以具體分為2種：上升趨勢線、下降趨勢線。上升趨勢線也稱為支撐線，其作用在於清晰呈現價格在向上波動過程中，每一次回檔的支撐位大概在何處，這可以幫助我們辨識趨勢行進的狀態，以及把握回檔的進場時機。其畫法很簡單，只要在價格從低位向上波動的過程中，連接最初的2個回檔低點即可得到。

上升趨勢線是一條傾斜向上的直線，為了清楚展示趨勢行進的狀態，既不可太平緩，也不可太陡峭。過於平緩就無法呈現趨勢的方向，反而可能顯示價格在橫向波動中的無趨勢狀態；過於陡峭則難以持久，標示出的支撐位

往往力道不強。

在江恩理論中，45度角度線被認為是最穩健且具有持久力的直線，因此，趨勢線的角度接近45度，是最理想的狀態。在實際操作中，我們可以將範圍擴大為30度～60度。

圖3-12為金地集團2018年6月至2019年9月的走勢圖。個股自低位震盪上揚，走勢相對強勁，連續2個明顯回檔低點的連線角度接近45度，是一條理想的上升趨勢線，能清楚反映出股價在震盪上行過程中的支撐位變化。

一般來說，股價會以此線作為支撐震盪上行。一旦股價短線加速上漲，明顯遠離上升趨勢線，而且沒有重大利多作為支持，股價隨後會有回測趨勢線的傾向。在短線操作中，投資者可適當賣出以鎖定利潤。

當股價經過一波快速回落而接近趨勢線，是升勢中的逢低進場時機，但我們要注意，在累積漲幅較大的位置，若個股在回落過程中快速跌破趨勢線，是多空力量強弱對比即將改變的訊號，投資者應注意控制倉位，規避趨勢反轉的風險。

下降趨勢線畫法

下降趨勢線也稱為壓力線，用於指示價格在向下波動過程中的壓力位。其畫法很簡單，只要在價格震盪下行時，連接最初的兩個反彈高點，即可得到。過於陡峭的下降趨勢線，代表賣壓沉重且短線風險較大，不宜過早抄底進場；過於平緩的下降趨勢線，則可能是股價不規則震盪的結果，並不代表趨勢形成。

在角度方面，接近45度角的下降趨勢線往往最能反映趨勢狀態，更能有效預告下跌過程中的反彈壓力位。

圖3-13為中百集團2017年8月至2019年1月的走勢圖，個股從高位開始震盪下行，股價重心整體下移。將最初2個明顯的反彈高點相連接，就能得到一條向下傾斜的直線，即下降趨勢線。

從隨後的股價走勢可以看到，股價在下降趨勢線的壓力下震盪下行，每一次向上反彈至這條線附近時，會遇到較強的壓力而再度下行。在實際操作中，若個股沒有明顯止穩或向上突破趨勢線，代表跌勢仍將持續，投資者不

圖3-12　金地集團2018年6月至2019年9月走勢圖

圖3-13　中百集團2017年8月至2019年1月走勢圖

可輕易抄底進場。

支撐線的角度轉變

上升趨勢的整體推進過程具有由緩到急的特徵，反映出多方力量由緩慢釋放到加速釋放的過程，以及市場預期由升勢初期的充滿分歧，到一直看多的轉變。相較之下，下降趨勢不具有這個特徵。

這種特徵也表現在趨勢線的角度變化上，上升趨勢線會隨著升勢加速，而由平緩逐步變得陡峭。一般來說，角度會經過3次轉變，當上升趨勢線變得十分陡峭，就是多方力量過度釋放，升勢即將見頂的記號。

圖3-14為中國石化2015年11月至2018年5月的走勢圖。個股在近3年裡一直處於持續上漲的趨勢，並經歷由平緩變成陡峭的過程。值得注意的是，當累積漲幅較大，且上升趨勢線變得十分陡峭時，多方力量已呈現過度釋放狀態，持股者應規避趨勢反轉的風險。

轉勢時支撐與壓力的轉變

上升趨勢不可能一直持續，當買盤無力承接賣壓，原有的支撐線就會被跌破，原來的上升趨勢線會對之後的反彈漲勢構成壓力，而後有另一條角度平緩的直線發揮支撐作用，直到再度被跌破後變為壓力作用。

這就是上升趨勢反轉向下時，支撐線由支撐作用轉變為壓力作用的過程，也是個股進入頭部且開始反轉下行的訊號。圖3-15展示這個過程，這些直線的角度逐漸減小，正好對應震盪上行過程的一組江恩角度線。

同樣地，下降趨勢也不可能一直持續，當賣盤無力出貨，而買盤的承接力道明顯增強時，原有的壓力線就會被突破，原來的下降趨勢線會對之後的回檔下跌形成支撐。這就是下跌趨勢反轉向上時，壓力線由壓力作用轉變為支撐作用的過程，也是個股進入底部且開始反轉上行的訊號。圖3-16（見94頁）展示這個過程。

圖3-14 中國石化2015年11月至2018年5月走勢圖

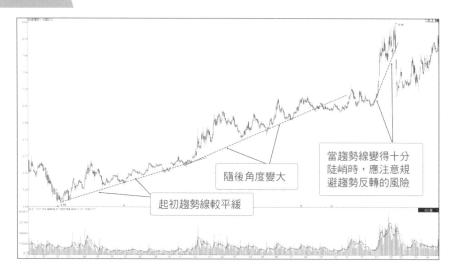

起初趨勢線較平緩

隨後角度變大

當趨勢線變得十分陡峭時,應注意規避趨勢反轉的風險

圖3-15 升勢轉跌勢過程中,支撐變為壓力的示意圖

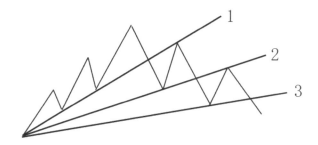

平緩趨勢線的錯誤用法

投資者經常犯的一個錯誤就是使用過於平緩的趨勢線。這可能是因為股價在中短期內上下波動的幅度較大,以及相鄰2個低點的連線看起來清晰、可靠,使投資者忽略它的角度。

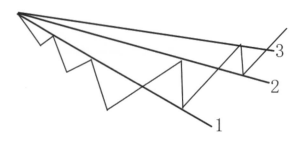

圖3-16　跌勢轉升勢過程中，壓力變為支撐的示意圖

一般來說，如果連線的角度小於30度，期間的震盪格局只可以視為趨勢不明朗。之後，隨著多空力量的強弱對比發生改變，若個股步入升勢，因多方力量明顯轉強，股價很難再出現大幅回落並回測這條線；若個股步入跌勢，則因空方力量明顯轉強，此連線很難發揮支撐作用。以下我們結合案例加以說明。

圖3-17為萬科Ａ 2017年10月至2019年9月的走勢圖。個股在深幅下跌之後，開始止穩並出現寬幅震盪。一波強勢反彈並回落後的低點，略高於之前的最低點，將這2個低點相連接，即可得到一條傾斜向上的直線，但是其角度過於平緩，很難準確提示股價隨後的支撐位及壓力位。在實際操作中，投資者不宜根據這條趨勢線來把握中短線的買賣時機。

從隨後的走勢來看，由於前期跌幅過大且同期大盤走勢回暖，個股出現較長時間的震盪上揚格局，但在震盪過程中沒有再度向下觸及此連線。

▌趨勢線的可靠性與買賣原則

透過前面的講解，我們知道趨勢線是依據個股的實際走勢繪製而成，因此主觀色彩較重。那麼，我們能否保證，自己畫出的趨勢線一定能反映個股趨勢呢？

針對這個問題，可以關注以下幾點。

一是趨勢線上的點數。上升趨勢線串聯的回檔低點越多，說明它反映的

圖3-17 萬科A 2017年10月至2019年9月走勢圖

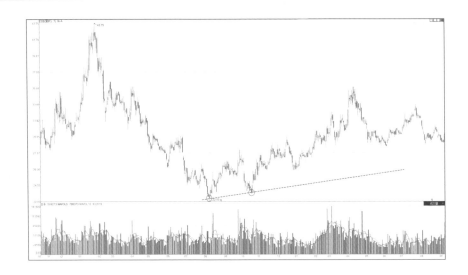

回檔支撐位越可靠。同理，下降趨勢線串聯的反彈高點越多，則說明它反映的壓力位越準確。

　　二是趨勢線的角度。江恩告訴我們：「45度角的趨勢線最可靠，過於平坦或陡峭的趨勢線，往往可靠性較低」。

　　三是趨勢持續的時間及力道。一波趨勢的持續時間及漲跌力道有限，因此在趨勢形成之初畫出的趨勢線更具有實戰價值，可靠性也最高。

　　了解以上幾點後，我們就可以結合趨勢進行買賣操作。趨勢線的買賣原則很簡單，對於上升趨勢線而言，每當股價經過一波回檔而落至趨勢線附近時，就是較好的中短線逢低買進時機，而且之前的累積漲幅越小，這個買點的安全性和預期收益率就越高。對於下降趨勢線而言，每當價格經過一波反彈而漲至趨勢線附近時，就是搏取反彈行情的短線賣出時機。

第 **4** 章

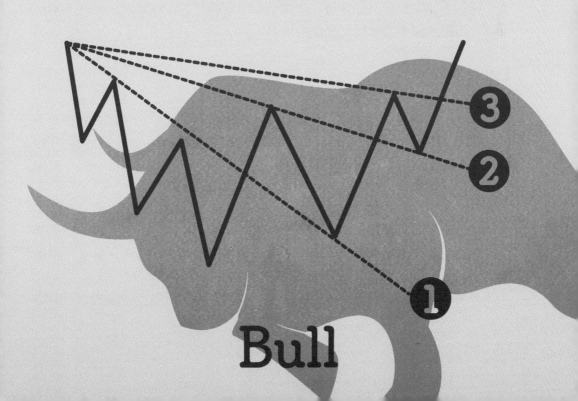

Bull

4-1

W底與M頭的反轉走勢畫出角度線，各有什麼功用？

　　江恩角度線不僅每一條線具有各自的支撐、壓力作用，還有多條線交叉、平行、平移等綜合用法，可以靈活地結合價格波動的特點，預測中短期的支撐位與壓力位變化，以及價格行進方向。本章中，我將結合自己對江恩理論的學習，歸納出一些常用且實戰成功率高的角度線綜合用法。

　　首先，二次探底與二次探頂是十分常見的K線形態。中長期低位的二次探底形態多預告底部的出現，而中長期高位的二次探頂形態，則預告頭部的出現。但是，由於股價會反覆震盪，如果在識別出形態後，就貿然出手買賣，往往會買在短期高點、賣在短期低點，這時候運用江恩角度線能識別出支撐位與壓力位，為短線交易提供指引。

▌W底形態

　　W底，又稱為雙重底或雙底，是指股價走勢的二次探底，其形態猶如大寫的英文字母W，如圖4-1所示。W底形態有2個重要位置，一是連接2個底的直線，代表強支撐位（兩底之間要有一定的距離，且股價相近）；另一是兩底之間的反彈高點，代表強壓力位。

　　一般來說，W底的明確買進訊號出現在價格向上突破頸線之後，此時W底形態完全形成，較能呈現明顯的趨勢方向，因此投資者可以在放量突破頸線時追漲買進。雖然此位置是短線高點，但從趨勢的角度來看，仍處於中長期的低位，一旦趨勢反轉，後期的上漲空間巨大。

　　此外，為了預判低點進場時機，還可以在頸線下方關注短期壓力位的突

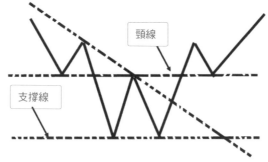

圖4-1　　W底形態示意圖

破。連接近2次反彈高點（第二個反彈高點就是頸線位置），可以得到一條傾斜向下的直線，當價格突破此線時，表示多方力量較強，隨後繼續向上突破頸線的機率較大，是相對好的低買時機。

角度線向上交叉的回落點

對於W底形態來說，在第二個底形成後的上漲過程中，上漲方式往往是一波三折的震盪，若沒有明顯利多或強勢的市場環境，很難出現突破頸線的快速上漲。此時，判斷第二個底之後的反彈高點就十分重要，從短線來看，可以規避股價回落的風險來鎖定利潤；從中線來看，可以把握更好的進場時機，在隨後的停利停損操作中更主動，避免陷入套牢的窘境。

江恩在前後2個底的回彈走勢上，畫出2條角度不同的角度線，而這兩條線的交叉點被視作第二個底之後的反彈高點（以下簡稱「二次反彈高點」），並成為賣出訊號。下面，我們結合實例來說明。

圖4-2（見下頁）為中百集團2018年9月至2019年3月的走勢圖，將中長期低位的2個相鄰低點視作構築W底的雛形，然後分別以2點為起點，畫出45度角的江恩角度線。隨後，從左側的低點引出一條2×1角度線，從右側的低點引出一條1×2角度線。這2條角度線一緩一陡，並在第二個低點的上方相交於一點。

一般來說，當股價二次反彈至此點附近時，會遇到較強的壓力，股價反

圖4-2　中百集團2018年9月至2019年3月走勢圖

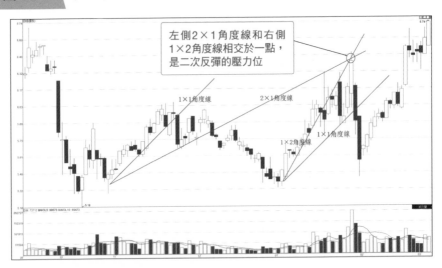

左側2×1角度線和右側1×2角度線相交於一點，是二次反彈的壓力位

轉向下的機率較大。就短線交易來看，可以逢高賣出以鎖定利潤。就中長線交易來說，如果前期累積跌幅較大，且投資者預測將形成雙底，則可以在隨後的短線回檔低點再買進。

M頭形態及角度線向下交叉的反彈點

M頭，又稱為雙重頂或雙頂，是指股價走勢的二次探頂，其形態猶如大寫的英文字母M，如圖4-3所示。M頭形態也有2個重要位置，一是連接2個頭的直線，代表強壓力位；另一是2個頭之間的回檔低點，代表強支撐位。

一般來說，明確的賣出訊號會出現在價格向下跌破頸線之後，此時的M頭形態完全形成，較能呈現明顯的趨勢方向，因此可以作為中長線的出場訊號之一。

雖然這個價位是短期低點，但趨勢轉向的訊號相對明確，再加上前期累積漲幅較大，後期往往仍有較大的下跌空間，因此可以及時鎖定利潤出場。

圖4-4為中國長城2019年2月至7月的走勢圖。個股在震盪過程中出現寬幅震盪、二次探頂的M頭形態。從左側頂點引出2×1角度線，從右側頂點引

圖4-3　　M頭形態示意圖

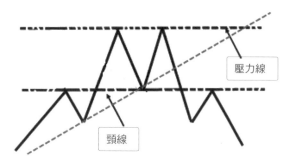

圖4-4　　中國長城2019年2月至7月走勢圖

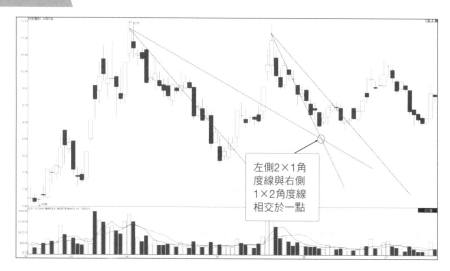

出1×2角度線，兩條角度線向下相交於一點，就是股價二次回落時的支撐位。在實際操作中，可以結合同期市場的強弱程度，與這個交叉點，來避免在短線回檔的低點賣出。

4-2 股價反覆震盪時，用平行角度線顯示價格通道

在沒有明顯利多的情況下，股價走勢無論是上升或下降，大多以反覆震盪的形式呈現。這是一種相對緩和的趨勢行進狀態，此時，利用2條江恩角度線畫出的平行通道，可以指出價格震盪中的壓力位與支撐位。

▌震盪向上的平行通道

當股價自低位（起漲點）開始上揚，隨後從高點向下回落時，若回落的低點明顯高於起漲點，股價處於震盪上升走勢的機率比較大。此時，我們可以拉出2條傾斜向上的45度角度線：一條自低位起漲點拉出，一條自回落前的高點拉出。

一般來說，股價之後有很大的機率會在這個平行通道中行進，上方的角度線為上軌，對價格上漲帶來壓力作用；下方的角度線為下軌，對價格回落發揮支撐作用。

圖4-5為中成股份2018年12月至2019年4月的走勢圖。個股自低位開始震盪上揚，我們從底部和一波上揚後的高點，分別拉出傾斜向上的平行1×1角度線，可以標示出股價隨後的行進通道。

在實際操作中，當一波上揚開始於下軌，且短線漲幅較大、速度較快時，若向上觸及上軌，則出現深幅回落的機率比較大。當一波下跌開始於上軌，且短線跌幅較大、速度較快，若向下觸及下軌，則出現反彈的機率比較大。當然，股價最終有可能突破上軌或跌破下軌，我們可以結合市場當時情形與個股走勢特徵，做綜合分析。

圖4-5　中成股份2018年12月至2019年4月走勢圖

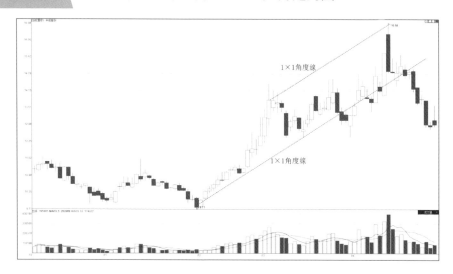

震盪向下的平行通道

當股價自頭部開始下行，然後向上反彈時，如果反彈的高點明顯低於頭部，則股價處於震盪下跌走勢的機率比較大。我們可以拉出2條傾斜向下的45度角度線：一條自頭部拉出，一條自反彈前的低點拉出。

股價之後很可能會在這個下降的平行通道中行進，上方的角度線為上軌，對價格反彈帶來壓力作用；下方的角度線為下軌，對價格下跌發揮支撐作用。

圖4-6（見下頁）為許繼電氣2017年6月至2018年10月的走勢圖。個股在高位橫向震盪，隨後開始震盪向下，反彈後的高點低於下跌前的高點。依據江恩角度線的平行通道畫法，拉出2條傾斜向下的45度的角度線，之後的股價走勢將長時間運行在此通道中。

在這個案例中，通道較為狹窄，不適合取得短線反彈行情，因為當股價回落至下軌附近時，回落幅度並不大，反彈空間狹小。由於平行通道明確指示個股的下跌趨勢，因此在實際操作中不宜過早抄底進場。

圖4-6　許繼電氣2017年6月至2018年10月走勢圖

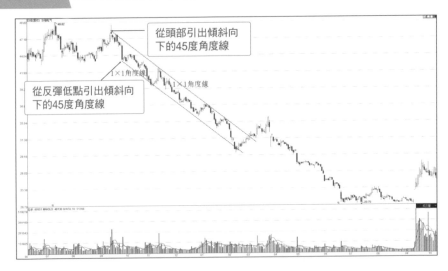

寬平行通道的中間線畫法

　　畫出平行通道之後，無論是上升通道還是下降通道，若通道過於寬闊，就依據江恩理論提出的方法，再引一條與上、下軌距離相等的等距線，將平行通道分為上、下兩個部分。當股價在上半部波動時，上軌為壓力位，等距線為支撐位，而在下半部波動時，等距線為壓力位，下軌為支撐位。

　　圖4-7為川能動力2018年12月至2019年10月的走勢圖。畫出45度角度線和向下的平行通道後，會看到上、下軌的間距較大，所以再引出一條等距線將平行通道一分為二，可以更清楚顯示價格波動的情況。

　　對該股來說，最開始的一波深幅下跌，使股價處於平行通道的下半部，代表短期內空方力量更強。隨著股價走勢相對止穩、多方力量轉強，個股向上突破等距線，股價開始在平行通道的上半部行進。但從趨勢的角度來看，多方力量沒有整體轉強，個股仍處於下跌趨勢中，因此在實際操作中仍應以跌勢思維為主。

圖4-7　　川能動力2018年12月至2019年10月走勢圖

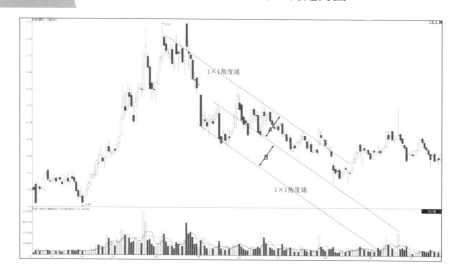

平緩震盪中的平行通道

　　對於較平緩的震盪下跌（或上揚）走勢，角度會明顯小於45度，此時可以採用相對平緩的2×1角度線畫出平行通道。如果上、下軌之間的距離較大，可以畫出等距線。

　　圖4-8（見下頁）為華數傳媒2019年2月至8月的走勢圖。個股在一波快速上揚後震盪下跌，畫出的上、下軌是接近30度角的2×1角度線，且間距較寬，所以繼續畫出它的等距線。

　　可以看到，在此後的大部分時間，股價都在上軌與等距線之間來回波動，隨後反彈力道變弱，股價最終向下跌破等距線並觸及下軌。由於下軌有較強的支撐作用，且正逢個股短線跌幅較大，因此當股價跌至下軌附近時，投資者可以適當搏取短線反彈行情。

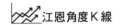江恩角度K線

圖4-8　華數傳媒2019年2月至8月走勢圖

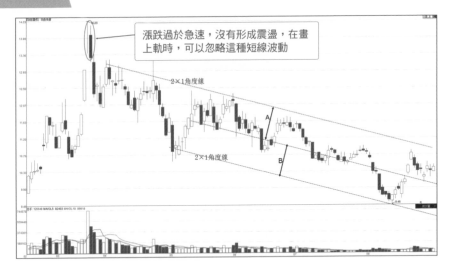

4-3 股價快速反轉時，用60度角扇形模式找支撐位

反轉扇形角度線主要用在震盪上揚後的反轉走勢中。個股先是震盪上升，一般來說，漲幅較小，隨後走勢反轉向下，且跌幅較大。此時，利用反轉扇形角度線，可以提前把握深幅下跌過程中的重要支撐位。

圖4-9為反轉扇形角度線示意圖，其中角A為向上傾斜的1×1角度線，即45度角，而角b＝角c＝角d＝15度，這3個角相加為45度。

圖4-9　反轉扇形角度線示意圖

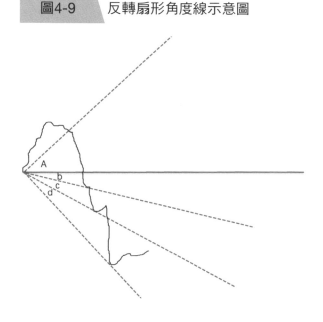

江恩理論認為，在利空或大盤下跌所引發的股價急速反轉深跌中，角d的下軌具有最強支撐力。但是，在多數更常見的情形中，我們可以關注60度角（角A＋角b）和75度角（角A＋角b＋角c）。

這是等分扇形的畫法，以下我將結合自己對江恩角度線的理解及相關案例，講解幾種常見的反轉扇形支撐位用法，提供讀者參考。

反轉扇形60度角模式1

反轉扇形60度角的第一種模式：個股的震盪上揚走勢接近45度角，隨後股價開始反轉下行，中短期跌幅大且速度快。當股價跌至水平線時，沒有獲得支撐並繼續下跌；當股價跌至與水平線夾角為15的位置時，短期內通常會遇到較強支撐，出現反彈行情的機率較大。

圖4-10為中科三環2014年5月至2016年3月的走勢圖。圖中標出4個角，其中角A＝45度，角b＝角c＝角d＝15度。起初，個股沿45度角穩健持續上揚，累積漲幅較大。隨後，受到大盤整體性大幅回落的影響，股價出現急速、深幅的下跌走勢。由於空方力量完全占據主導地位，再加上市場易受恐慌情緒影響，此時投資者不宜急於抄底進場。

在這種頻繁出現跌停板，沒有盤整波段的極端行情，由於2×1、4×1角度線的短期支撐力道極弱，所以更應關注60度扇形支撐位，即角b的下軌。當個股沒有重大利空，僅因市場帶動而形成急速下跌時，在這個位置可以嘗試小量交易，搏取反彈行情。

反轉扇形60度角模式2

反轉扇形60度角的第二種模式：起初個股沿45度角震盪上揚，隨後從高點急速下跌；跌至起漲點的水平線附近時，股價開始橫向止穩並持續一段時間，期間反彈力道較弱；最後又出現一波快速下跌，當股價接近60度角支撐位（即水平線向下旋轉15度）時，經常會遇到較強支撐，出現強勢反彈行情的機率較大。

圖4-11為廣濟藥業2018年11月至2019年9月的走勢圖。可以看到，個股在快速跌至水平線位置之後，開始長時間橫向震盪，期間雖有反彈，但力道很弱。之後受到大盤回檔影響，股價向下跌破水平線，當股價向下觸及60度角支撐位時，出現一波強勁反彈。如果我們能理解60度角扇形的反轉模式，就有機會把握這一波反彈行情。

圖4-10 中科三環2014年5月至2016年3月走勢圖

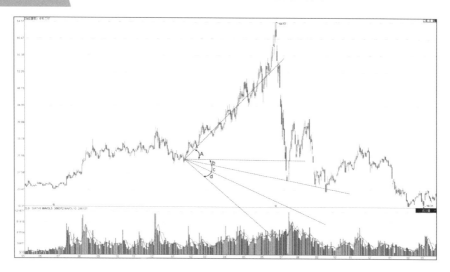

圖4-11 廣濟藥業2018年11月至2019年9月走勢圖

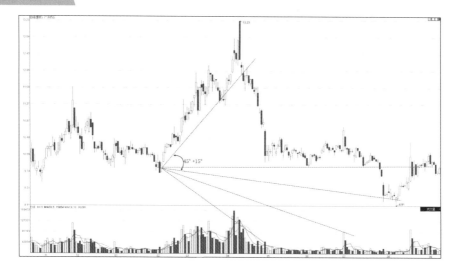

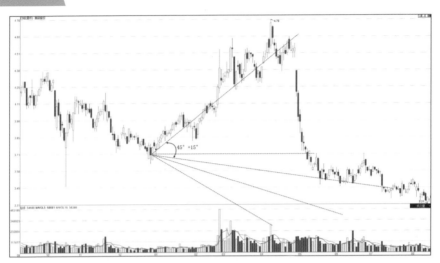

圖4-12　首鋼股份2018年9月至2019年8月走勢圖

反轉扇形60度角模式3

　　以反轉扇形模式來說，當股價觸及60度角支撐位時，往往會出現較強勢的反彈行情，形成中期底部。但是，如果個股在此位置的反彈力道較弱，且價格沿60度角的下軌震盪下行，大多表示空方力量依舊較強。投資者可以逢回落時，在低點嘗試小量交易，不應追高買進。

　　圖4-12為首鋼股份2018年9月至2019年8月的走勢圖。在個股急速下跌至60度角的下軌附近時，股價沿著下軌震盪向下，期間反彈力道較弱，空方力量依舊占優勢，可見下跌趨勢仍未結束，投資者不宜過早抄底進場。

4-4

利用不同方向角度線的交叉點，選對進出場時機

　　無論是震盪上升還是震盪下降，將股價行進的軌跡「框」進角度線坐標系統之後，價格的波動過程會更加清晰，讓我們能對股價後期走勢做更好的預測。

　　除了使用一組方向相同的角度線，還可以將向上與向下的角度線結合起來，透過它們的交叉關係，判斷短期內多空力量的變化。

▌3×1角度線破位交叉點

　　江恩角度線無論是向上傾斜還是向下傾斜，只要股價接近角度線且在線的下方行進，此角度線就具有壓力作用；反之，則具有支撐作用。依據這個原理，當股價在走向不明朗的震盪狀態中，可以同時畫出上升的角度線與下降的角度線，並找出離股價行進方向較近的交叉點。

　　當股價由下往上突破這個交叉點，表示個股同時突破兩條具有壓力作用的角度線，隨後將以此點為支撐位繼續上行，且中短期內的上漲動力較強。反之，當股價由上而下跌破這個交叉點，表示個股同時跌破兩條具有支撐作用的角度線，隨後將以此點為壓力位繼續下跌，且中短期內的下跌動力較強。

　　圖4-13（見下頁）為華蘭生物2018年12月至2019年9月的走勢圖。個股持續上揚後，在高點出現橫向震盪走勢，股價重心在震盪中下移，但並未出現明確的趨勢轉向訊號。在這種情況下，我們應運用江恩角度線的交叉原理，盡可能把握短線的高低點，在操作上才能更主動。

圖4-13　　華蘭生物2018年12月至2019年9月走勢圖

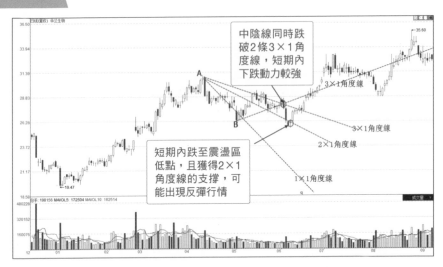

首先，從震盪回落前的高點A拉出一組向下的角度線，起初股價在1×1與2×1角度線之間波動，隨後反彈至2×1與3×1角度線之間。接著，從股價近期回檔的顯著低點B，拉出一條向上的3×1角度線，它與從高點A引出的向下3×1角度線相交於一點。

當個股反彈到2條3×1角度線上方時，突然出現一根中陰線跌破這個交叉點，2條線代表的支撐位同時被跌破，表示短期內空方力量較強。在短線操作中，此時宜賣出而不是追漲買進。

之後，當股價下跌至2×1角度線附近時，此位置與震盪區的低點B相近，且2×1角度線具有支撐效果，股價短期內反彈上行的機率較大，因此可以適當短線買進。

頭部下移2倍角度線交叉點

在整體震盪向下格局中，往往可以用2倍角度線找出後續短期頭部的壓力位，進而把握反彈高點的賣出時機。從震盪下跌行情出現前的高點，拉出向下傾斜的1×2或2×1角度線，並從短期深幅下跌後的低點，拉出向上傾斜

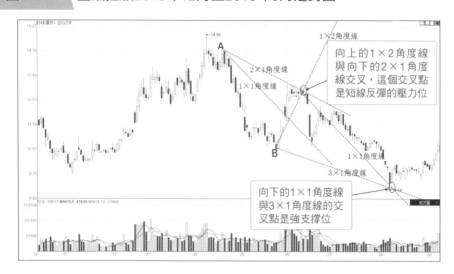

圖4-14 藍焰控股2018年12月至2019年9月走勢圖

的1×2或2×1角度線，向下、向上的角度線會相交，這個交叉點就是短線反彈行情中的強壓力位。

圖4-14為藍焰控股2018年12月至2019年9月的走勢圖。個股整體呈下跌狀態，圖中畫出具有代表性的高、低點，其中A為下跌行情出現前的高點，B為深幅下跌後的低點。從A拉出向下的1×1與2×1角度線，並從B引出向上的1×2角度線。

如圖中標注所示，向上的1×2角度線與向下的2×1角度線交叉，這個交叉點就是短線反彈行情中的壓力位。個股反彈至此位置時，出現深幅回落的機率較大，投資者應賣出以規避風險。

另外，值得注意的是，從B拉出向下傾斜的3×1角度線，並從下跌行情出現後的短期頭部引出向下傾斜的1×1角度線，這2條角度線的交叉點構成深幅下跌後的強支撐位，個股在此點迎來一波較強勢的反彈行情。

頭部上移的2倍角度線交叉點

在整體震盪向上格局中，我們也可以用2倍角度線，找出後續短期頭部

的壓力位，來把握短期高點的賣出時機。一般來說，可以從之前一個明顯的震盪高點，拉出向上傾斜、坡度較緩的2×1角度線，並從最近一波突破上攻行情的起漲點，拉出向上傾斜、坡度較陡的1×2角度線，這兩條角度線會相交，交叉點就是短線上攻行情中的強壓力位。

圖4-15為新和成2018年7月至2019年11月的走勢圖。圖中有2個明顯的點，一是低位寬幅震盪中的高點A，另一是突破行情的起漲點B。從A拉出向上的2×1角度線，並從B拉出向上的1×2角度線，2條線相交於一點，就是突破上攻行情的強壓力位。

個股在創新高的上漲行情中漲至此位置時，會遇到較強的壓力，出現深幅回落的機率較大。在中短線操作中，投資者應減少持股而非追漲。

▍震盪反轉中繼的雙交叉區

當個股在低位長期震盪，隨後突破上行時，我們往往很難判斷這種突破是行情反轉，或是短暫反彈。此時，可以借助江恩角度線的上、下交叉方法，從前期頭部拉出2條向下的角度線，並從底部拉出2條向上的角度線，使這4條線「框定」股價向上突破後的波動區域。這個波動區域就稱為雙交叉區。

一般來說，若股價走勢較強，能向上突破這個雙交叉區，多代表趨勢反轉上行的機率較大，後期仍有較大的上漲空間，可以持股待漲。若股價向下跌破這個雙交叉區，則代表當前只是短暫的反彈行情，股價再度跌回低位的機率較大，不宜過早抄底進場。下面，我們結合實例加以說明。

圖4-16為偉星股份2018年3月至2019年7月的走勢圖。如圖中標注所示，這個雙交叉區由向下的4×1、3×1角度線，與向上的2×1、3×1角度線所構成。當股價向下跌至此雙交叉區內部時，說明短期內空方力量轉強，可以適當減倉。當股價跌破最下方的3×1角度線時，表示空方力量完全占據主動地位，短線回落可能加速，也代表之前的上漲走勢可能是短暫反彈行情。

圖4-15　新和成2018年7月至2019年11月走勢圖

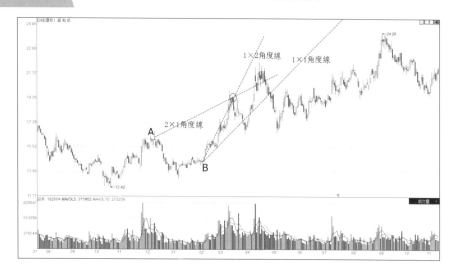

圖4-16　偉星股份2018年3月至2019年7月走勢圖

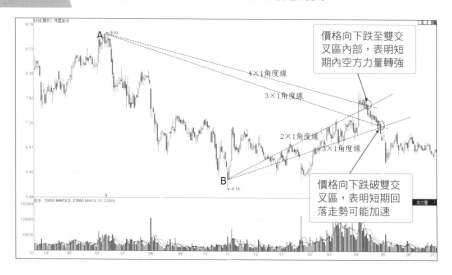

橫向寬幅震盪中的2倍、3倍角度線交叉點

在橫向的寬幅震盪走勢中,趨勢行進狀態十分不明朗,此時可以借助上、下角度線交叉點與股價的位置關係,來判斷多空力量的變化和後續趨勢的走向。

一般來說,無論向下或向上,2×1與3×1角度線的通用性較強。依據股價波動拉出這些角度線之後,若價格無法站穩在交叉點上方,代表空方力量轉強,應注意規避短期下跌風險。當價格由震盪區低點反彈至交叉點附近時,將遇到壓力,出現回落的機率較大;當價格由震盪區高點回落至交叉點附近時,將遇到支撐,出現反彈的機率較大。

圖4-17為大族鐳射2017年6月至2018年12月的走勢圖。從個股的震盪高點A拉出向下的2×1與3×1角度線,並從震盪低點B拉出向上的3×1角度線。如圖中標注所示,由於股價無法站穩在第一個交叉點上方,表示短期內空方力量逐漸轉強,應規避股價繼續下跌的風險;個股在經歷一波反彈後,無法突破第二個交叉點,代表短線反彈行情可能會結束。

再看另一個例子,圖4-18為天奇股份2017年7月至2018年7月的走勢圖。依據個股走勢拉出向下的3×1角度線與向上的2×1角度線,當股價向下跌破這2條線的交叉點,就預告震盪行情結束,趨勢可能轉向下行,是中短期的風險提示訊號。

圖4-17　　大族鐳射2017年6月至2018年12月走勢圖

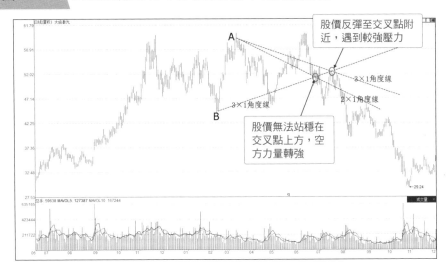

圖4-18　　天奇股份2017年7月至2018年7月走勢圖

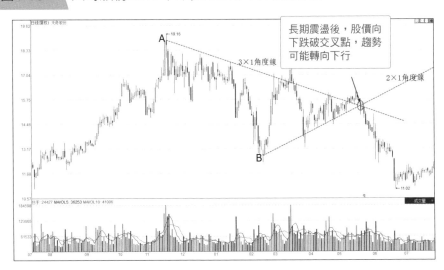

第 **5** 章

從波動法則的量價共振，精準抓住行情高低點

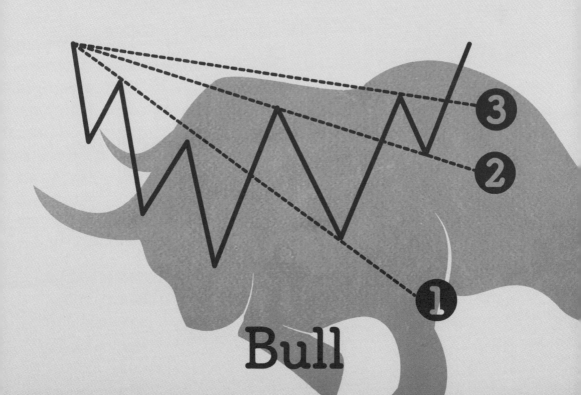

Bull

5-1 股市中的共振現象，會引發股價大起大落

經過長期研究，我發現波動法則幫助我準確預測股票及期貨在特定時間中的特定價位。

——威廉・江恩

波動法則不是江恩理論中慣用的幾何方法論，卻是最重要的實戰法則之一。在波動法則中，小力道的共振產生波段行情、大力道的共振扭轉趨勢，其內容簡單、容易理解，但若要熟練運用，就需要豐富的技術分析知識和實戰經驗。

在本章及隨後的章節中，將結合江恩的波動法則來談論相關的技術分析方法，讓你學會精準地把握行情的高低點。

什麼是共振現象

波動法則中的「共振」概念來自於物理學，是指兩個振動頻率相同的物體之間，當其中一個物體發生振動，會引起另一個物體共同振動的現象。

共振會引發事物的劇烈波動。舉例來說，在第一次世界大戰期間，有一隊德國士兵正通過一座橋樑，雖然橋樑的承重能力遠遠超出全體士兵的重量，但士兵的步伐一致形成共振，竟導致橋樑塌陷崩壞。這個小故事展示了共振的巨大威力。

將共振的原理套用到股市中，當股市出現共振現象，股價往往呈現大起大落的非理性運動，如果僅僅借助基本面分析方法，實在很難解釋這種巨幅

的波動現象。

　　回顧股市的歷史，常常可以發現，一旦股市從低位開始向上突破，價格會如脫韁野馬一樣奔騰而上；若股市從高位開始向下突破，價格會如決堤的江水一瀉千里。其實，這正是共振現象在股市中的展現。

出現共振現象的情況

　　江恩認為，當股市內在的波動頻率與外來的推動頻率匯合在一起，股市會出現共振現象，產生向上或向下的巨幅波動。哪些因素匯合之後，會造成股市的共振現象呢？江恩總結出以下幾種情況。

　　（1）當長期、中期、短期投資者在相同的時間點進行交易，且買賣方向一致時，股價將產生向上或向下的共振。

　　（2）從時間週期的角度來看，當長、中、短週期交匯在同一個時間點且方向相同時，將產生共振。

　　（3）從技術分析角度來看，當K線、均線、成交量等多種技術形態都發出相同的買進或賣出訊號時，將引發共振。

　　（4）從股市基本面的角度來看，當宏觀經濟狀態、金融利率政策、產業結構政策、企業經營狀況等多種基本面因素趨向一致時，將對股市整體產生向上或向下的共振。

　　（5）從個股基本面的角度來看，當上市公司的獲利前景、當前業績、重大投資者事項等各種基本面因素趨向一致時，將產生個股行情向上或向下的共振。

　　（6）當基本面因素和技術面因素趨向一致時，將產生極大的共振。

　　共振現象既關注基本面要素，也關注技術面要素。一般來說，在某一時間、某一價位上，推動個股上漲的因素越多，則共振力道越強，反之則較弱。如果上漲因素與下跌因素相對均衡，則無法形成共振。

5-2

什麼是量價共振？
快速認識K棒與成交量

　　「價、量、時、空」是技術分析的四大要素。「時」、「空」是指時間與空間，它們是任何分析方法存在的先決條件；「價」、「量」分別對應股價與成交量，以K線形態和量能形態呈現，投資者可以藉此解讀市場多空力量變化情況，進而決定買賣操作。

　　在江恩的共振現象中，K線形態與量能形態之間的共振，是最為重要、最常用的共振形式。在本節及隨後的各節中，我們將在經典K線形態與量能形態的基礎上，結合江恩的共振現象來看看如何把握低買高賣的時機。

▍單根K棒多空訊息

　　「實體」與「影線」是單根K線表現多空情況的方式，實體的長度反映多空雙方交鋒的結果，而影線的長度則反映交鋒過程。對於多空交鋒，投資者既要注重結果，也要注重過程。一般來說，實體越長，表示某一方（多方或空方）取得的勝果越大；影線越長，則表示多空雙方的交鋒越激烈。

　　單根K線只在具備明顯實體或影線時，才有典型的多空含義，特別是影線較長時，其多空含義往往十分明顯。例如，長長的下影線既代表空方於盤中的出貨力較強，也表示多方的承接力道較強，至於多空力量強弱對比會如何轉變，則要結合股價走勢來分析。

　　當股價走勢處於明顯的短期高點，往往是空方賣壓將要增強的訊號；當股價走勢處於明顯的短期低點，則往往是多方進場力道即將增強的訊號。此外，還要結合當日是收於陽線或陰線，來分析多空力量的轉變。

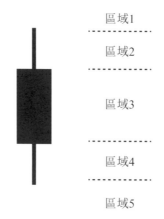

圖5-1　　單根K線多空區域示意圖

區域1

區域2

區域3

區域4

區域5

兩根K棒多空訊息

　　兩根K線的多空資訊比單根K線複雜，除了考慮每根K線的實體與影線情況，還要考慮它們之間的位置關係，不過在此之前，要了解單根K線的多空區域，如圖5-1所示。

　　從區域1到區域5可以看作是多方力量逐漸減弱、空方力量逐漸增強的過程。當後一根K線位於多方力量較強的區域（區域1或區域2），兩根K線呈現出多方力量較強的含義，反之則代表空方力量較強。

　　圖5-2（見下頁）展示了典型的多方力量（圖中左側）及空方力量（圖中右側）占優勢的雙日組合形態。在典型的多方占優勢組合中，兩根K線均收於陽線，且第二根K線位於區域1、2這兩個多方力量較強的區域。在典型的空方占優勢組合中，兩根K線均收於陰線，且第二根K線位於區域4、5這兩個空方力量較強的區域。

　　了解兩根K線的多空資訊，有助於進一步學習3根及3根以上的K線組合形態，並理解其多空含義。

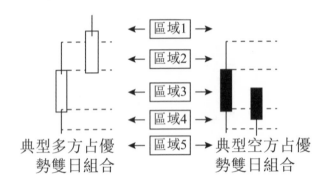

圖5-2 典型多方力量、空方力量占優勢雙日組合

區域1
區域2
區域3
區域4
區域5

典型多方占優
勢雙日組合

典型空方占優
勢雙日組合

成交量多空訊息

　　成交量蘊含豐富的股市訊息，但它不是單獨的盤面資訊，只有與股價走勢（即K線形態）相結合，才能反映市場多空力量的變化情況。要理解量能形態，第一步是了解以下幾種成交量所蘊含的市場意義。

1. 成交量直接反映多空雙方的交鋒力道

　　較高的成交量說明交鋒較為激烈，是多空分歧加劇的訊號，往往預告股價走勢的轉折。較低的成交量說明交鋒趨於平淡，在升勢或跌勢較明朗的情形下，是趨勢延續的訊號，說明多空雙方暫時沒有改變趨勢走向的能量。

2. 成交量是上漲動能的體現

　　量價分析的實質就是分析趨勢的動力與方向：成交量是動力，股價走勢是方向。成交量的縮放是動力增減的一種表現，股價走勢則是成交量變化的延續。特別是在上漲走勢中，股價上升總是伴隨著成交量放大，這是量價分析的一般性原理，而在股價回檔時，則會伴隨成交量縮小。

3. 成交量是股價走勢的先兆

　　「量在價先」是股市流傳已久的一句話，意思是量能的變化常常先於股

價走勢的變化。不同的成交量形態蘊含不同的多空資訊，我們可以透過成交量變化，預知市場多空力量的轉變、主力行為的改變等重要資訊，進而預測個股的未來走勢，預先做出買賣決策，這正是成交量在技術分析中占據核心地位的原因。

4. 成交量可以反映主力行為

主力，全稱為主力資金，即擁有較強資金實力、敏銳市場嗅覺的投資方。有主力資金參與的股票，其漲勢一般會較強。準確解讀主力的市場行為是股市分析的重點之一，無論是短線主力還是中長線主力，由於他們的資金力道較大，往往能透過成交量的變化看出其買賣行為。

結合趨勢走向、題材轉變和市場強弱，我們可以透過個股量能的變化，分析個股是否有主力參與、主力參與力道如何等等。了解這些資訊，有助於進一步提升交易成功率。

量價共振分析法

以江恩的共振現象為基礎，結合技術分析領域中的K線形態與成交量形態來進行分析，既能進一步提升成功率，也能更有效地把握大波段行情，而不是3、5個交易日的小波段。股市的獲利更多來自大波段，而2種技術形態形成的共振點，可以指出更好的買賣時機，幫助我們提升報酬率。

那麼，什麼是量價共振分析法呢？簡單來說，就是將K線形態與成交量形態相結合，當兩者同時發出上漲訊號，就形成底共振，預告一波強勢的上升行情，是買進訊號；當兩者同時發出下跌訊號，則形成頂共振，預告一波強勢的下跌行情，是賣出訊號。

5-3

了解9種基本的K線形態：
上下影線、吞噬形態……

　　量價共振訊號是由K線訊號和成交量訊號所組成，因此學習量價共振分析法的第一步，是先來了解常見的K線訊號。K線訊號常常出現在股價走勢的反轉點，能相對明確地展示多空力量對比，標示出股價的中短期反轉。

▌上影陰線

　　上影陰線是指上影線較長的單根陰線，通常表示多方在盤中上攻遇阻、空方賣壓極強。上影線越長則形態越鮮明，其多空含義也越明確。若上影陰線出現在短線高點或盤整後的向上突破點，表示空方力量占據主導地位，短期內可能出現深幅回落的走勢。

　　圖5-3為浙江廣廈2019年1月至5月的走勢圖。個股在上升途中出現持續時間較長的橫向震盪，股價重心緩慢上移。隨後，個股開始向上突破，但突破當日卻收於長長的上影陰線，這是空方賣壓極重的訊號，預告隨後的深幅回落走勢，此時應賣出而非追漲買進。

▌上影陽線

　　上影陽線是指上影線較長，且帶有明顯實體的單根陽線。它出現的位置不同，多空含義也不相同。如果出現在低位上升走勢，是多方發起上攻的訊號，雖然短期遭遇壓力，但多方力量依舊占相對優勢，後續價格有進一步上漲的空間。

| 圖5-3 | 浙江廣廈2019年1月至5月走勢圖 |

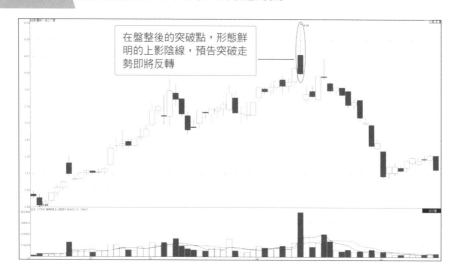

在盤整後的突破點，形態鮮明的上影陰線，預告突破走勢即將反轉

　　但是，如果上影陽線出現在中短期漲幅較大的位置，則表示空方逢高拋售力道較強，是短線深幅回落的訊號，且上影線越長，個股短期的回落幅度往往越大。

　　圖5-4（見下頁）為北方華創2019年7月至10月的走勢圖。個股在短線大漲的高點出現形態鮮明的上影陽線，這是多空力量強弱對比突然轉變的訊號，也預告隨後的深幅回落走勢，此時應逢高賣出。

穿頭破腳

　　穿頭破腳也稱為貫穿線，是指帶有明顯實體，且上、下影線具一定長度的單日K線，當日可為陽線也可為陰線。

　　貫穿線蘊含兩層信息：一是多空交鋒較為激烈，股價波動幅度較大；二是多方或空方取得一定的勝果。一般來說，陽線型的貫穿線出現在低點（或高點）時，是股價走勢轉折的訊號。

　　圖5-5（見下頁）為佛塑科技2019年1月至5月的走勢圖。在長期震盪且緩慢上升的走勢之後，個股收於長陽線，使股價走勢呈現突破狀態。但在突

圖5-4 北方華創2019年7月至10月走勢圖

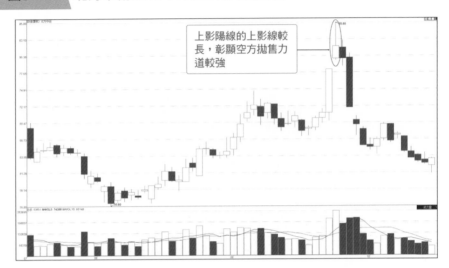

上影陽線的上影線較長，彰顯空方拋售力道較強

圖5-5 佛塑科技2019年1月至5月走勢圖

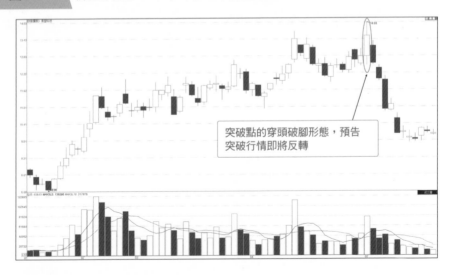

突破點的穿頭破腳形態，預告突破行情即將反轉

圖5-6　聖邦股份2019年7月至10月走勢圖

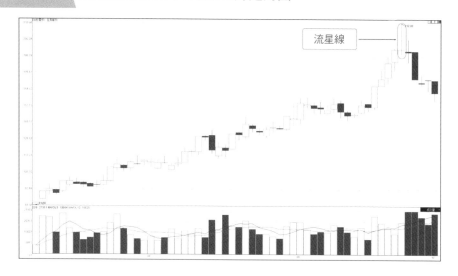

破當日出現鮮明的穿頭破腳形態，說明多空交鋒較為激烈，多方力量並未占據主導地位，突破行情持續的機率較低，投資者應規避行情反轉的風險。

流星線

　　流星線是指上影線較長，實體與下影線都較短的單根K線。當它出現在一波快速上漲後的高點時，往往是空方在盤中集中拋售的訊號，預告即將出現一波下跌回檔走勢。

　　圖5-6為聖邦股份2019年7月至10月的走勢圖。個股在一波上漲後的高點出現鮮明的流星線形態，是多方短期內上攻遇阻的訊號，預告股價將出現回落，投資者應減少持股以規避風險。

　　與流星線正好完全相反的是鎚子線（或吊人線），它是指下影線較長，實體與上影線都較短的單根K線形態。當它出現在一波快速下跌後的低點時，往往是多方大力進場的訊號，預告即將出現一波強勢反彈行情；若是出現在快速上漲後的高點，則是預告即將出現下跌回檔行情。

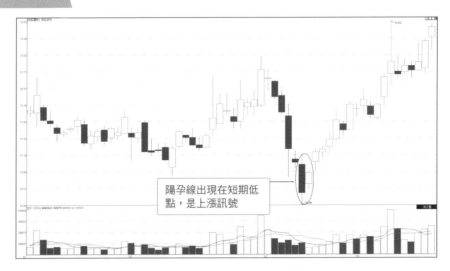

圖5-7　麗島新材2018年12月至2019年3月走勢圖

陽孕線出現在短期低點，是上漲訊號

孕線

孕線也稱為母子線，是一種前長後短的雙日K線組合（也可為一長多短的多根K線組合），前面一根K線的實體較長，後面一根較短且位於前面K線實體的價格區間內。這種前長後短的組合，外觀像是懷有身孕的婦人，因此稱為孕線。

前為長陰線、後為短陽線的組合稱為陽孕線，常出現在短期下跌後的低點，標示多方力量將轉強，是短線上漲訊號。前為長陽線、後為短陰線的組合為陰孕線，常出現在短期上漲後的高點，標示空方力量將轉強，是短線下跌訊號。

圖5-7為麗島新材2018年12月至2019年3月的走勢圖。在一波快速下跌後的低點，個股出現「長陰線＋短陽線」的陽孕線組合，是多方力量開始轉強的訊號，預告股價走勢即將出現反彈。圖5-8為睿能科技2019年5月至8月的走勢圖。在一波震盪反彈走勢中出現陰孕線組合，為空方力量轉強的訊號，投資者應規避短線回落的風險。

| 圖5-8 | 睿能科技2019年5月至8月走勢圖 |

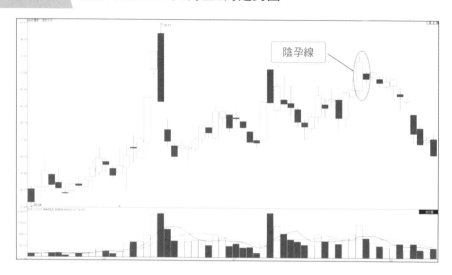

吞噬形態

　　吞噬形態也稱作抱線，是一種前短後長的雙日K線組合（也可為多短一長的多根K線組合），後面一根K線的實體較長，前面一根則較短，且位於後面K線實體的價格區間之內。從外觀來看，後面的長K線猶如吞沒前面的短K線，因此稱為吞噬形態。

　　前面為短陰線、後面為長陽線的組合為多頭吞噬，常出現在短期下跌後的低點，是多方力量快速轉強的訊號，預告強勢反彈行情出現。前面為短陽線、後面為長陰線的組合為空頭吞噬，常出現在短期上漲後的高點，是空方力量快速轉強的訊號，多預告短期下跌走勢出現。

　　圖5-9（見下頁）為中信證券2019年7月至10月的走勢圖。個股在短線高位的盤整走勢中出現空頭吞噬形態，表示空方力量正快速轉強，個股即將向下跌破盤整區間。在中短線操作中，投資者應及時賣出以規避風險。

圖5-9 中信證券2019年7月至10月走勢圖

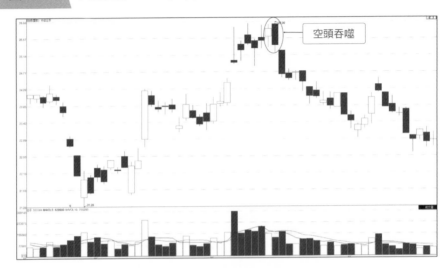

切入線

切入線是一種雙日K線組合。出現在短期高點時，是由陽線和開高走低的陰線組合而成，後面陰線的收盤價位於前面陽線的實體內部，是陰線向下切入型的看跌組合。相反地，切入線出現在短期低點時，是由陰線和開低走高的陽線組合而成，後面陽線的收盤價位於前面陰線的實體內部，是陽線向上切入型的看漲組合。

切入線出現時，表示短期內多空力量的強弱對比有望出現轉變。陰線向下切入型的看跌組合，是多方力量釋放過度、空方賣壓在當日不斷增強的訊號，預告短線的回落走勢。陽線向上切入型的看漲組合，是空方力量釋放過度、多方承接盤在當日不斷進場的訊號，預告短線的反彈行情。

圖5-10為中農立華2019年8月至10月的走勢圖。個股在突破盤整區時，出現明顯的陰線向下切入型看跌組合，這種組合也常稱作「烏雲罩頂」，預告走勢可能反轉，此時應規避短線回落的風險。

圖5-11為吉華集團2018年8月至11月的走勢圖。個股在一波短線深幅下跌後的低點，出現陽線向上切入型的看漲組合，這是市場已有買盤進場的訊

圖5-10　中農立華2019年8月至10月走勢圖

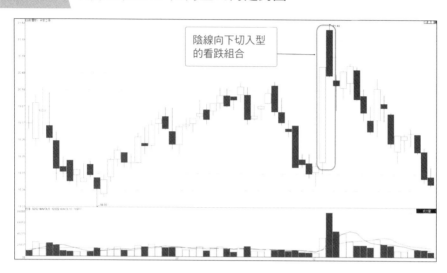

陰線向下切入型
的看跌組合

圖5-11　吉華集團2018年8月至11月走勢圖

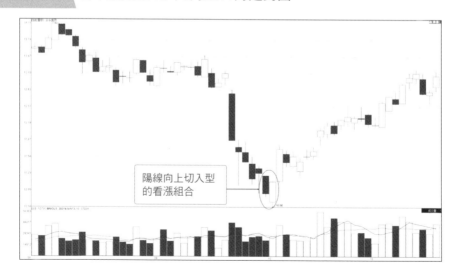

陽線向上切入型
的看漲組合

| 圖5-12 | 三安光電2019年7月至10月走勢圖 |

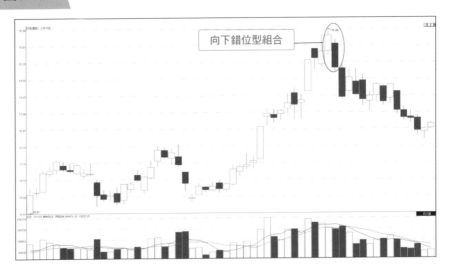

號，預告行情可能反彈。

錯位線

　　錯位線可以分為向下錯位型與向上錯位型。向下錯位型組合是前陽後陰的雙日K線組合，後面陰線開低走低，且收盤價低於前面陽線的開盤價，呈向下破位狀態。這種組合常出現在短期大漲後的高點，是空方力量突然轉強的訊號之一，多預告一波快速下跌走勢，是賣出訊號。

　　圖5-12為三安光電2019年7月至10月的走勢圖。個股在短期大漲後的高點出現向下錯位型組合，前一根陽線代表多方力量較強，然而次日出現的開低走低型陰線代表市場賣壓突然增強，空方力量占據上風，是一波快速下跌走勢將要出現的訊號，此時應賣出以規避價格深幅回落的風險。

　　向上錯位型組合是前陰後陽的雙日K線組合，後面陽線開高走高，且收盤價高於前面陰線的開盤價，呈向上突破狀態。向上錯位型組合常出現在短期大跌後的低點，是買盤資金突然大力進場的訊號之一，多預告一波快速上漲走勢，是買進訊號。

圖5-13　康得萊2018年12月至2019年3月走勢圖

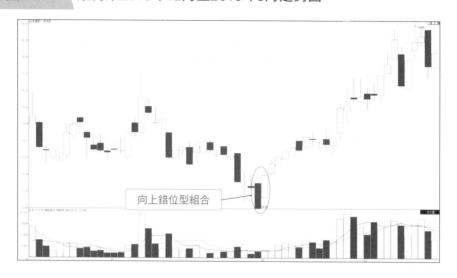

向上錯位型組合

　　圖5-13為康得萊2018年12月至2019年3月的走勢圖。個股在短期低點出現向上錯位型組合，是多方力量突然轉強、走勢可能上漲的訊號，投資者可以進場買股。

反轉星

　　反轉星分為夜星與晨星。晨星常見於中短期低點，由3個部分組成：左側是帶有明顯實體的下跌型陰線，右側是帶有明顯實體的陽線，中間是帶有下影線且實體較短的一根或多根K線。晨星是空方賣壓轉弱、買盤承接力轉強的訊號，預告走勢上漲。

　　圖5-14（見下頁）為國泰集團2019年2月至6月的走勢圖。個股在中短期的低位持續橫向盤整，期間出現晨星形態，是多空力量強弱對比開始轉變的標誌，預告個股難以破位下行，可能出現反彈行情，是買進訊號。

　　夜星常見於中短期高點，左側是帶有明顯實體的陽線，右側是帶有明顯實體的陰線，中間是帶有上影線且實體較短的一根或多根K線。夜星是多方上攻遇阻、空方力量轉強的訊號，預告走勢下跌。

圖5-14　國泰集團2019年2月至6月走勢圖

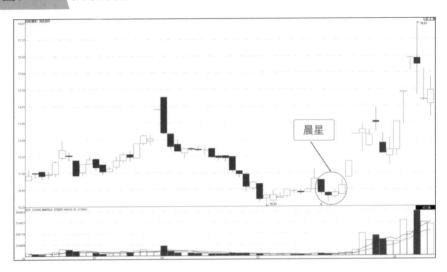

圖5-15　分眾傳媒2019年7月至9月走勢圖

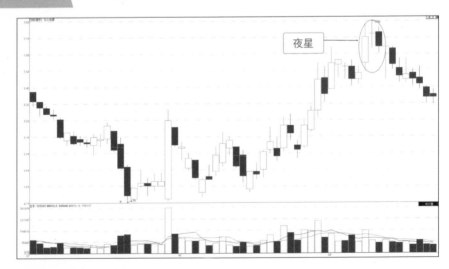

　　圖5-15為分眾傳媒2019年7月至9月走勢圖，該股在持續上漲後的高點出現夜星形態，預告股價在中短期內會反轉向下，是看跌訊號。

5-4

12種常見的量價形態，你學會就能判斷多空力量

成交量放大或縮小，不具有明確的市場含義，但結合股價波動後，成交量的縮放就能反映市場多空力量的變化。

成交量的變化往往先於股價波動，雖然量在價先的原理簡單易懂，但是需要投資者掌握充足的量價形態知識，才能在實戰中運用。本節要介紹經典的量價配合形態，為後續進一步闡述量價共振訊號打下基礎。

▌趨勢量能1：量價齊升

量價齊升是指隨著股價持續上揚，成交量同步放大的狀態，即股價的上揚與量能的放大為正相關，是多方力量強勁、後續買盤充足的訊號。一般來說，若此時個股累積漲幅不大，且大盤整體氛圍較好，量價齊升形態就是個股能跑贏大盤、升勢將持續的訊號。

圖5-16（見下頁）為科華生物2019年1月至4月的走勢圖。個股的上升走勢十分穩健，持續時間長、幅度較大，且同期的5日均量線同步上揚，是量價齊升形態。此形態出現之後，可以看到股價站穩在上漲後的高點，表示買盤較充足，個股短期內通常不會出現深幅回落。

然而，同期的股市環境較強，個股雖然有良好的量價齊升形態，但在高位盤整後沒有再步入升勢，而是隨大盤走跌。由此可見，個股的量價形態即使打出升勢持續的訊號，也要有市場配合才能延續升勢。

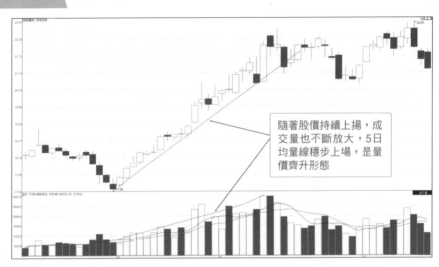

圖5-16　科華生物2019年1月至4月走勢圖

> 隨著股價持續上揚，成交量也不斷放大，5日均量線穩步上場，是量價齊升形態

趨勢量能2：量價背離

量價背離多出現在大幅上漲後的高位，是指在一波上漲走勢中，雖然股價創出新高，但成交均量（即平均成交量）明顯小於前一波上漲，即成交量沒有隨著股價上漲而同步放大。

量價背離形態是買盤進場力道明顯減弱、升勢即將反轉的訊號，若此時個股的累積漲幅較大，則表示上漲動力不足，趨勢反轉下行的機率較大。

圖5-17為凱恩股份2016年10月至2017年4月的走勢圖。個股在一波上漲走勢中，但成交量相對縮小，顯示後續買盤進場力道嚴重不足。而且，此時個股累積漲幅較大，量價背離形態預告升勢即將見頂。在實際操作中，投資者宜逢高減倉以鎖定利潤。

趨勢量能3：頭部放量、縮量

頭部是升勢終結的地方，多方力量已經不再占據主導地位，此時的多空雙方交鋒或激烈或平淡。激烈的交鋒會導致量能放大，但賣壓較重、買盤力

圖5-17　凱恩股份2016年10月至2017年4月走勢圖

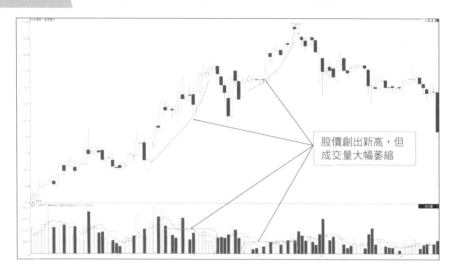

股價創出新高，但成交量大幅萎縮

道不夠，股價難以實現有效突破，於是反映出頭部放量震盪的形態特徵，且形態持續時間往往較短。

　　另一方面，平淡的交鋒多源於同期較好的股市環境，以及大多數投資者對後市看漲。儘管如此，由於推動性買盤力道較弱，股價無法繼續上漲，就表現出量縮滯漲的形態特徵，且形態持續時間往往較長。

　　圖5-18（見下頁）為七匹狼2019年1月至5月的走勢圖。個股在高位持續橫向震盪，從形態特徵來看，其震盪走勢並無特別之處，雖然上升走勢較弱，但整體升勢沒有被打破。

　　然而，同期的成交量卻相對放大，表示這個震盪區間的多空交鋒力道較大、多空分歧加劇，結合個股前期的持續上漲走勢來看，此震盪區間可能成為頭部。在實際操作中，投資者應逢震盪反彈之際賣股出場，規避趨勢見頂的風險。

趨勢量能4：跌途縮量

　　上漲趨勢能持續推進是源於買盤的加速進場，表現為量價齊升形態。下

圖5-18　七匹狼2019年1月至5月走勢圖

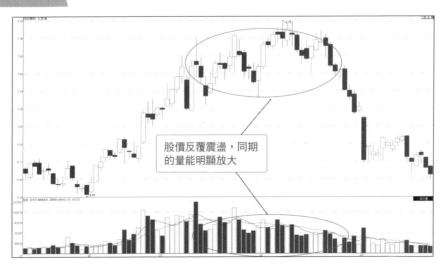

跌趨勢則正好相反，它不是源於賣盤的加速出場，而是因為買盤的進場力道極弱。此時，少量的賣盤就可以使股價降低，表現在量能上便是下跌途中的整體式縮量。

　　一般來說，只要這種整體式縮量形態出現明顯變化，且股價累積跌幅不夠深，跌勢就難以見底。在實際操作中，投資者不要過早抄底進場，特別是沒有業績支撐的個股，其累積跌幅往往極深，事先很難預料。

　　圖5-19為億帆醫藥2018年1月至10月的走勢圖。個股在高位持續震盪之後，開始破位下行並步入跌途，在下跌過程中，成交量始終保持相對縮量的狀態。這種持續性的縮量下跌形態是跌勢持續推進的訊號，投資者不可盲目抄底進場。

▍趨勢量能5：底部放量

　　對於下跌趨勢的結束，底部是重要的位置，此時個股的累積跌幅巨大，且明顯處於被低估的狀態，但這不是我們買進的原因，因為若跌勢沒有結束，則低迷的市場交易、恐慌的市場氛圍會進一步推動股價向下。

圖5-19	億帆醫藥2018年1月至10月走勢圖

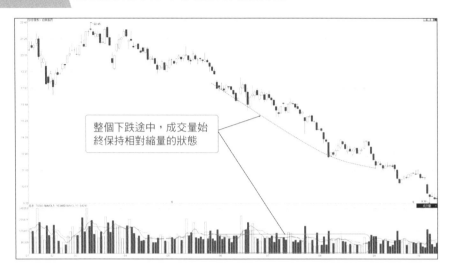

整個下跌途中，成交量始
終保持相對縮量的狀態

從技術面來看，底部應是吸引買盤持續進場，多空力量強弱對比發生轉變的區域，而表現在盤面形態上，就是放量相對溫和且持續時間較長，價格止跌回穩，並打破原有下跌形態。

圖5-20（見下頁）為聯創電子2018年2月至2019年2月的走勢圖。個股長期下跌之後，在低位出現放量止穩走勢，這是典型的底部放量形態。量能放大的效果雖然不明顯，但有很強的持續性，而且股價走勢完全打破原有的下跌形態。從量價變化來看，可以推測正在構築中期底部，投資者不妨在震盪走勢中逢低買進佈局。

波段量能1：脈衝式放量

脈衝式放量也稱為間歇式放量、凸量，是十分常見且實用性高的放量形態。其特徵是：個股在量能大小相對平穩的情況下，在某個交易日（或連續2個交易日）突然大幅度放量，放量水準為之前均量水準的3倍以上；在隨後的交易日，量能大小又突然恢復如初。量能的放大與縮小沒有循序漸進的變化過程，形態上看似跳躍的脈衝波，因此稱為脈衝式放量。

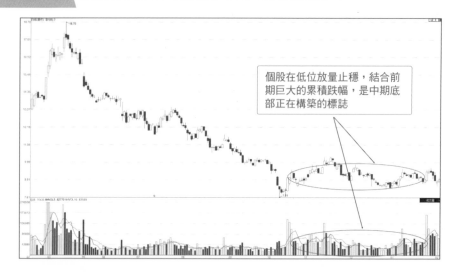

圖5-20　聯創電子2018年2月至2019年2月走勢圖

個股在低位放量止穩，結合前期巨大的累積跌幅，是中期底部正在構築的標誌

對於脈衝式放量來說，若個股當日收於陰線，表示賣盤突然大量湧出，而隨後的突然縮量可以理解為不願認賠殺出所致。如果個股中短期的下跌幅度不大，則價格將隨著賣盤的進一步湧出而再度下跌。

另一方面，若個股當日收於陽線就比較難判斷，因為此時個股大多處於短期上漲走勢中，或是在盤整後的突破點位。

一般來說，脈衝式放量上漲形態代表短期的見頂，因為此形態蘊含兩方面的市場訊息：一，當日的放量效果過於明顯，大肆消耗短期的多方力量，使市場在短期內處於超買狀態；二，隨後量能突然縮小，表明後續買盤無力跟進，沒有充足的買盤推動上漲。

而且，短期高點是獲利賣壓較重的點位，因此個股隨後出現深幅回落的機率大增。上漲當日的脈衝式放量形態越明顯（即當日放量幅度越大），隨後的回落幅度往往越深，投資者在短線操作中應規避風險。

圖5-21為佛塑科技2019年1月至5月的走勢圖。個股在長期盤整後開始向上突破，K線突破形態良好，但突破日的量能卻呈現脈衝式放大的狀態。量能的放大效果不具連續性，使行情難以持續突破，股價走勢出現反轉，而再度跌回盤整區的機率大增。在實際操作中，投資者不宜進場追漲。

| 圖5-21 | 佛塑科技2019年1月至5月走勢圖 |

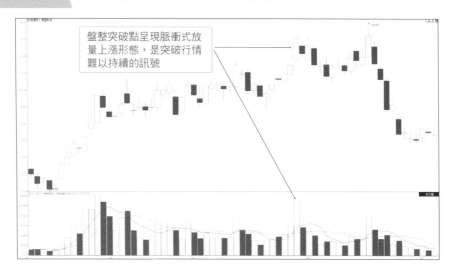

> 盤整突破點呈現脈衝式放量上漲形態，是突破行情難以持續的訊號

波段量能2：間隔式放量

間隔式放量可以看作是脈衝式放量的一種變形，出現在上漲波段時更具有參考性。它是指在一波上漲走勢中，多次出現脈衝式放量形態，使得量能的放大效果具有鮮明的間隔。

間隔式放量大多出現在低位反轉走勢中。由於行情剛剛反轉，買盤進場力道不足，但是個股受到題材驅動或由大盤上漲帶動，使得多空交鋒的過程沒有明顯連續性。這種量能形態代表買盤進場的持續性不強，大幅限制股價的上升空間。此時，持股者宜逢高減倉，而場外投資者則不宜追漲。

圖5-22（見下頁）為飛亞達A 2019年6月至9月的走勢圖。在低位盤整之後，個股開始反轉上行，但上漲波段呈現間隔式放量形態，投資者應規避股價再度回落的風險。

波段量能3：遞增式放量

遞增式放量是指量能在連續多個交易日當中，呈現遞增式放大的形態，

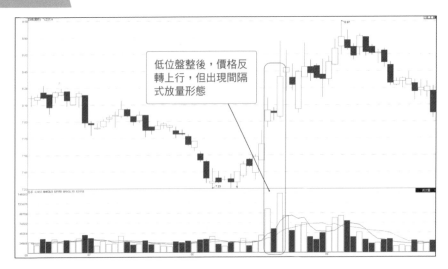

圖5-22 飛亞達A 2019年6月至9月走勢圖

> 低位盤整後，價格反轉上行，但出現間隔式放量形態

即後一個交易日的成交量略大於前一個交易日。一般來說，成交量至少要連續遞增4個交易日以上，才能稱為遞增式放量。

在實際應用中，「後一日的成交量略大於前一日」這種嚴格定義的遞增並不多見，只要能在連續數個交易日出現5日均量線逐步上揚的形態，就可以被認定為遞增式放量。

遞增式放量經常出現於一波快速上漲的走勢，反映出買盤加速進場，占優勢一方持續增強，但由於成交量是雙向交易的結果，所以它也代表另一方的力量不斷增加。一旦遞增式放量無法維持，就表示局面將反轉，股價走勢在短期內轉向的機率大增，這可說是「物極必反」的原理。

圖5-23為協鑫能科2018年12月至2019年3月的走勢圖。個股在一波快速上漲的過程中，成交量逐級放大，這是典型的遞增式放量。當量能達到短期高峰時，股價的短期漲幅較大，個股出現深幅回落的機率大增，投資者應規避風險。

圖5-23　協鑫能科2018年12月至2019年3月走勢圖

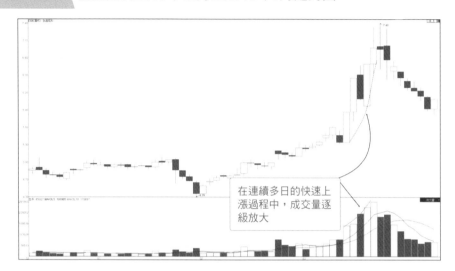

在連續多日的快速上漲過程中，成交量逐級放大

波段量能4：井噴式放量

井噴式放量是量能連續多日大幅度放出的形態，經常出現於高位的急速上漲走勢，是多方力量集中釋放、加速推動升勢的展現。但是，由於井噴式放量大幅消耗短期內的市場潛在買盤資金，且股價正處於中短期高點，隨著後續買盤進場力道減弱，股價走勢急速反轉的機率較大，因此投資者應規避高位風險。

一般來說，井噴式放量形態越明顯，多方力量釋放就越充分，隨後的回落幅度往往也越深，是高風險的短期見頂訊號。

圖5-24（見下頁）為財信發展2019年2月至5月的走勢圖。個股在高位橫向盤整之後，出現一波強勢突破行情，個股連續收於陽線，同期的成交量連續多日大幅度放出，放量水準遠高於盤整區域的均量水準，這是井噴式放量形態。這種急速上攻走勢彰顯多方力量的強大，更是多方力量過度釋放的訊號，此時投資者應規避股價突然反轉下跌的風險。

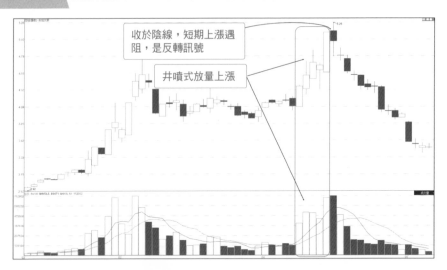

圖5-24 財信發展2019年2月至5月走勢圖

收於陰線，短期上漲遇阻，是反轉訊號

井噴式放量上漲

波段量能5：堆量滯漲

堆量是指個股放量幅度較大，每個交易日的放量幅度接近，且能持續一段時間的形態，表示多空雙方交鋒十分激烈，一般來說，容易引發股價的快速波動。如果股價快速上漲，則對應上述的井噴式放量；如果股價快速下跌，則對應放量下跌形態。但有一種特殊情況，是在堆量期間，股價重心沒有發生明顯變化，整體呈現橫向震盪，稱為堆量滯漲。

對於堆量滯漲形態，可以這樣理解：既然持續的量能放大都無法有效推升股價，這必然是市場賣壓十分沉重的訊號；而大幅度的放量又消耗掉短期內的市場潛在買盤資金，嚴重削弱多方力量。「漲時要放量，跌時則無量」是市場的常態，因此在隨後買盤進場力道減弱的情況下（即量能縮小時），買盤勢必難以承接賣盤的壓力，個股容易出現深幅回落走勢。

圖5-25為盾安環境2017年4月至7月的走勢圖。個股在短期高點出現橫向震盪走勢，期間的量能明顯放大，且每個交易日的盤中振幅較大。從局部量能形態來看，這是典型的堆量滯漲，表示短期內買盤力量被快速消耗，預告股價走勢即將出現深幅回落。

| 圖5-25 | 盾安環境2017年4月至7月走勢圖 |

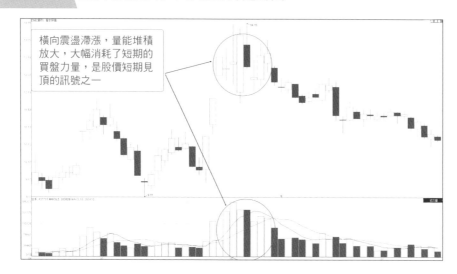

橫向震盪滯漲，量能堆積放大，大幅消耗了短期的買盤力量，是股價短期見頂的訊號之一

波段量能6：回探縮量

回探縮量是指，在股價一波深幅回落走勢中，成交量比起之前的上漲波段，呈現明顯縮減。縮量的效果越鮮明，回探縮量的市場含義越明確。

回探縮量出現在升勢形成的初期，或是中長期低位的上漲波段之後，是個股上漲動力初步恢復、市場賣壓大幅減輕的訊號，預示著隨後的整體走勢將以上升為主。

圖5-26（見下頁）為巨輪智能2018年6月至2019年1月的走勢圖。個股在中長期的低位，出現一波強勢且持續時間較長的反彈行情，打破原有的下跌形態，且伴隨明顯的量能放大，這是買盤開始持續進場的訊號。但趨勢能否發生轉變，則要觀察個股在隨後的走勢中，是否面臨較重的逢高賣壓。

如圖5-26的標注所示，個股在反彈高點出現一波深幅回落走勢，整個回落期間的量能大幅度萎縮，是典型的縮量下跌形態。如果它出現在高位的破位走勢中，就是買盤無意進場、跌勢形成的訊號。如果它出現在低位的放量上漲波段之後，則是賣壓大大減輕、市場惜售情緒較濃的訊號，預告市場多空格局正在轉變，股價有望反彈，因此投資者可以逢回落低點買股佈局。

圖5-26 巨輪智能2018年6月至2019年1月走勢圖

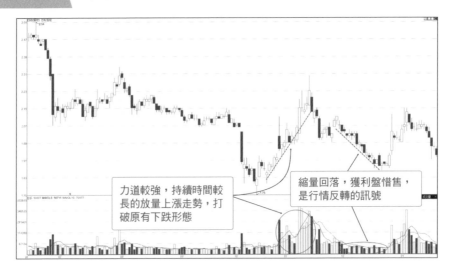

力道較強，持續時間較長的放量上漲走勢，打破原有下跌形態

縮量回落，獲利盤惜售，是行情反轉的訊號

由此可知，同樣的量價形態在不同的趨勢行進階段，具有不同的市場含義。只有結合個股整體走勢與量價關係做綜合分析，才能確定其市場含義，進而把握低買高賣的時機。

波段量能7：回檔日極度縮量

縮量形態總是不如放量形態明顯醒目，但能反映出多空交鋒的細節，特別是局部多個交易日的走勢，能幫助我們分析空方賣壓有多強、市場行進方向是否會改變等等。

一般來說，個股在連續幾日放量上揚之後，若隨後以連續小陰線呈現縮量回落走勢，且縮量效果極為明顯（相對於前幾日上漲時的量能大小），就是回檔日極度縮量形態。這是市場賣壓極輕、短期上漲走勢可望延續的訊號，特別是在個股累積漲幅較小的低位，會創造出較好的回落買進時機。

另外，值得注意的是，在低位緩慢上揚走勢中出現的回檔日極度縮量，往往與主力資金有關，是個股後期上漲潛力較大的訊號之一。

圖5-27為聯創電子2019年5月至8月的走勢圖。在從低位開始的持續上漲

圖5-27 聯創電子2019年5月至8月走勢圖

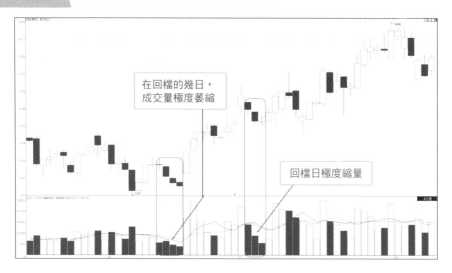

在回檔的幾日，
成交量極度萎縮

回檔日極度縮量

走勢中，個股2次出現回檔日極度縮量，且效果十分醒目，表示市場賣壓極輕，是中短期內上漲潛力較大的訊號，投資者可以逢回檔時買股佈局。

5-5 從K線與量能「共振底」組合，把握反彈買進時機

傳統的技術分析方法通常侷限於單一的技術形態，找到的波段高低點往往受限於股市環境或反轉幅度，而有一定程度的不確定性。共振現象解決這個問題，它在限定的時間範圍內綜合比對多種因素，既提高預測走勢的成功率，又留出充裕的趨勢轉向空間，很值得中短線投資者學習。

本節中，結合前面幾節的知識，看看何謂K線與量能的共振底部，以及如何藉此把握低點的買進時機。

破位型巨量＋十字星共振底

長陰線伴隨盤整後的向下破位，原本應是賣盤大量湧出、賣壓沉重的訊號，但要結合股價的位置區間來判定。如果這種形態出現在中長期的低位，此時的大幅度放量可以有效消耗短期內的空方力量，股價走勢隨後出現底部的機率較大。

在破位型巨量長陰線之後，如果跌勢放緩，且出現帶有長下影線的十字星，會形成共振底，是多方承接力量轉強的訊號，價格可望迎來強勢反彈，甚至是反轉行情。

圖5-28為億帆醫藥2018年12月至2019年3月的走勢圖。個股在中長期的低位長期盤整後破位下行，以長陰線破位且伴隨量能巨幅放大，充分釋放短期市場賣壓，隨後的十字星探底表示多方承接力道明顯轉強。這兩個形態在中短期的低點形成共振，預告可能出現強勢反彈，此時宜擇機買進。

在上述的共振底組合中，如果沒有出現十字星，而是出現長下影線，它

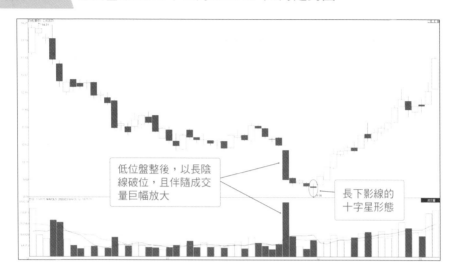

| 圖5-28 | 億帆醫藥2018年12月至2019年3月走勢圖 |

低位盤整後，以長陰線破位，且伴隨成交量巨幅放大

長下影線的十字星形態

同樣也是多方承接力量明顯轉強的標誌，依然可以與破位型巨量組合成局部共振底。

圖5-29（見下頁）為天廈智慧2018年6月至10月的走勢圖。個股在中長期低位出現破位型巨量與長下影線的組合形態，形成短期共振底，預告強勢反彈行情即將展開，是買進訊號。

縮量加速＋下影陽線共振底

在短期回落幅度較大的情況下，個股再出現縮量式快速下跌，代表此時的市場賣壓已減輕。股價快速下行的主因，是個股已進入短期超賣狀態，但承接盤力道太弱。如果個股隨後能止穩，且出現帶有長下影線的陽線，則表示買盤承接力道轉強，結合之前的縮量加速形態，便構成短期共振底。

圖5-30（見下頁）為久立特材2018年9月至11月的走勢圖。個股在短線深幅回落後的低點，再度加速下跌，且下跌時呈縮量狀態。隨後，個股在數日的盤整走勢中，出現有長下影線的陽線，表示多方承接力道正快速轉強。這兩種形態構成的短期共振底預告反彈行情，投資者可以擇機買進。

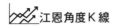

圖5-29　天廈智慧2018年6月至10月走勢圖

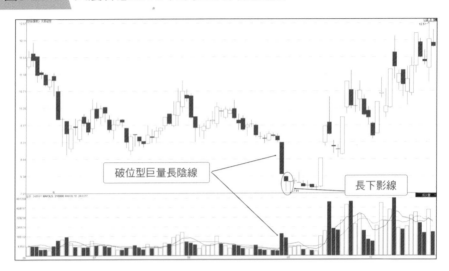

破位型巨量長陰線

長下影線

圖5-30　久立特材2018年9月至11月走勢圖

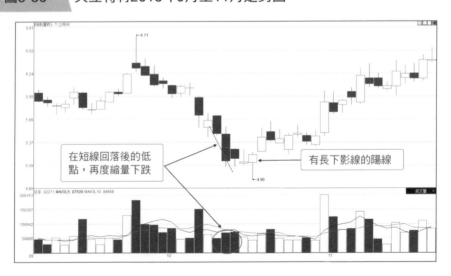

在短線回落後的低
點，再度縮量下跌

有長下影線的陽線

圖5-31　　魯北化工2018年12月至2019年2月走勢圖

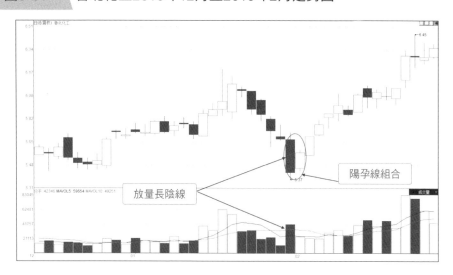

低點放量＋長實體陽孕線共振底

當陽孕線出現在短期低點，是多方力量開始轉強的訊號，如果同時伴隨成交量放量，無論那是陰線或陽線當日的放量，都是多方力量轉強的進一步確認。

陰線當日的放量代表空方力量充分釋放（呈現為放量長陰線），短期再度向下的壓力減輕。陽線當日的放量則表示買盤進場力道突然增強，是多方力量快速轉強的標誌。如此一來，低點放量與陽孕線組成短期共振底，股價隨後有望迎來大幅度回升。

圖5-31為魯北化工2018年12月至2019年2月的走勢圖。個股在短期深幅回落後的低點，出現有放量長陰線的陽孕線，表示短期內空方賣壓充分釋放。這樣的共振底組合預告回升走勢即將展開。

鎚子線＋縮量長陰回探共振底

鎚子線出現在短期低點，表示多方承接力道轉強，其中陽線型鎚子線的

上漲傾向更強。但是，由於多空分歧，低點的反彈走勢往往比較緩慢，此時若出現有長陰線下探的低點，就可以關注它的量能大小。

一般來說，如果呈現縮量形態，代表空方賣壓較輕，而當日出現長陰線，可能是因為大盤震盪或買盤跟進速度不夠，這是一種具有上漲含義的回探，可以與之前出現的鎚子線構成局部共振底。

圖5-32為京天利2019年3月至6月的走勢圖。個股在深幅回落後的低點，先出現陽線型鎚子線，隨後以縮量長陰線再度回探低點。在短期低點出現的這2種形態都具有上漲的含義，構成共振底組合。此時，投資者可以擇機買進佈局。

▌放量型穩健攀升＋持續回落縮量共振底

放量型的45度角攀升最具有持續性，也顯示買盤不斷進場的市況，但是在低位的上漲波段往往被視作反彈，因此隨後經常出現持續且幅度較大的回落走勢。

在持續回落的過程中，如果個股始終呈現明顯的縮量狀態，則說明之前參與該股的大多數買盤資金並未獲利出場，籌碼鎖定的程度較高，可以將這個回落走勢視為回檔，而不是結束反彈行情後再進入跌勢。一般來說，當價格回落幅度不小於之前上漲幅度的1/2，可以結合短期反轉組合形態來把握進場時機。

圖5-33為東方日升2018年10月至2019年1月的走勢圖。其中顯示，個股在低位先是出現一波持續力較強、幅度較大的放量上漲走勢，隨後股價開始回落，且成交量大幅縮減，表示空方賣壓不沉重。此時，投資者可以擇機進場買股。

如圖中標注所示，在回落幅度較大的情況下，出現放量型的多頭吞噬形態，這是縮量回落走勢結束，新一波上升行情即將出現的訊號，也是中短線買股佈局的時機。

圖5-32   京天利2019年3月至6月走勢圖

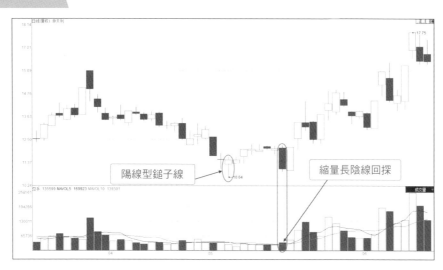

圖5-33   東方日升2018年10月至2019年1月走勢圖

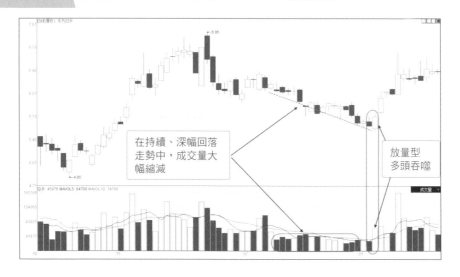

| 圖5-34 | 海特高新2019年3月至5月走勢圖 |

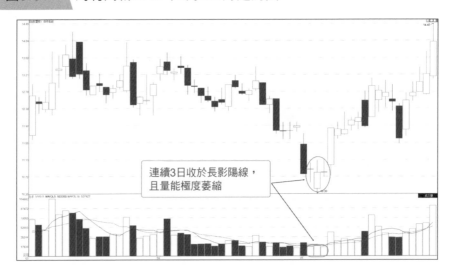

連續3日收於長影陽線，
且量能極度萎縮

▌反覆影線＋極度縮量共振底

在短期低點，若個股反覆出現帶有影線的K線（無論它是上影線或下影線），代表多空雙方的交鋒較為激烈。

一般來說，激烈的交鋒會引發放量，但如果呈現為縮量且當日收於帶影線的陽線，則表示少量的買盤進場就可以使股價止跌。影線出現也代表多方在這個位置進場的意願較強，隨著後續買盤進場力道增強，很可能會出現強勁的反彈上揚走勢。在實際操作中，投資者應逢低買股佈局。

圖5-34為海特高新2019年3月至5月的走勢圖。在短期大幅下跌後的低點，個股連續3日都收於長影陽線，第一日是下影十字星，第二日為上影陽線，第三日則是上影十字星。

結合股價的局部走勢來看，此位置的多方承接意願較強，這3個交易日的量能又大幅度縮減，表示少量買盤進場就能讓個股止跌回穩。隨著個股止穩，後續買盤資金有望加速進場。在反覆影線與極度縮量的共振下，強勢的上揚行情有望展開，此時應實施中短線買股操作。

圖5-35　航太電器2018年11月至2019年2月走勢圖

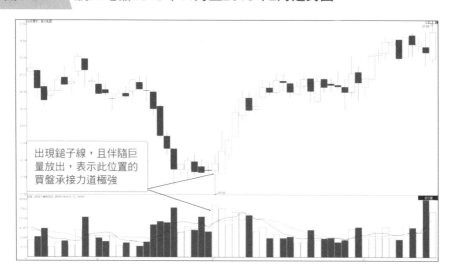

出現鎚子線，且伴隨巨
量放出，表示此位置的
買盤承接力道極強

鎚子線＋當日巨量共振底

在低位盤整走勢中，如果出現明顯的放量，則表示多空分歧十分明顯，
買盤進場力道較強，持股者拋售意願也較強。

下影線較長的鎚子線通常只在大幅放量時，才能顯示多方進場力道的強
弱，並預告股價走勢。其原因在於，這時雖然股價在盤中向下破位，但引發
更多買盤進場，代表多方力量充足，下行空間被封堵。於是，鎚子線與當日
巨量構成共振底組合。

圖5-35為航太電器2018年11月至2019年2月的走勢圖。在短期大跌後的
低點盤整過程中，成交量整體放大，表示多空力量分歧劇烈。隨後個股出現
鎚子線，且當日伴隨巨量放出，進而構成K線與量能形態的共振底，預告價
格將大幅上升。

5-6 為了規避回落風險，尋找 K線與量能「共振頂」組合

　　相較於共振底提示中短線買進時機，共振頂顯示中短線賣出時機，是風險的訊號，應該受到重視，因為在股市中生存的首要原則就是保護本金。

▌長陽線＋遞增式或脈衝式量能共振頂

　　長陽線代表當日交鋒結果為多方完勝。長陽線若出現在相對低點或行情啟動初期，蘊含上漲含義；若出現在短線大漲後的高點，往往是多方力量透支的訊號。在出現長陽線的當日，若伴隨脈衝式量能形態或遞增式量能形態，則形成共振頂，股價隨後深度回落的機率大增，是短線賣出時機。

　　圖5-36為中航機電2019年7月至10月的走勢圖。在一波上漲走勢中，個股量能呈現遞增式放大，隨後量能突然大幅放出，呈現脈衝式形態，且當日收於長陽線，股價的階段性漲幅較大。這是短線高點的共振頂組合，預告上攻走勢告一段落，股價可能深幅回落，持股者應及時賣出以鎖定獲利。

　　這種共振頂組合常見於一波創新高的快速上漲走勢，以及長期震盪區的突破位置。當出現在後者時，無論個股的短線漲幅是大或小，隨後快速回落或返回震盪區間的機率都很大，投資者應規避追漲風險。

　　圖5-37為海特高新2019 年3月至7月的走勢圖。在長期震盪區的突破位置，個股出現長陽線與脈衝式放量共振頂組合，是突破行情難以持續的訊號。在短期操作中，投資者應逢高賣出，而不是追漲買進。

　　對這個組合形態來說，長陽線與脈衝式放量是核心。雖然在上述2個案例中，此組合出現前都有遞增式放量，但它不是構成共振頂的必然因素。

圖5-36 中航機電2019年7月至10月走勢圖

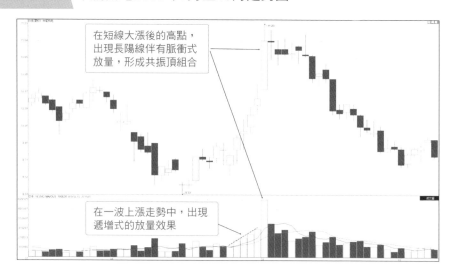

在短線大漲後的高點，出現長陽線伴有脈衝式放量，形成共振頂組合

在一波上漲走勢中，出現遞增式的放量效果

圖5-37 海特高新2019年3月至7月走勢圖

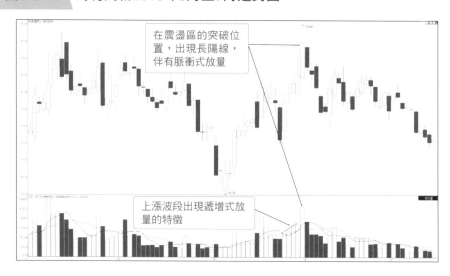

在震盪區的突破位置，出現長陽線，伴有脈衝式放量

上漲波段出現遞增式放量的特徵

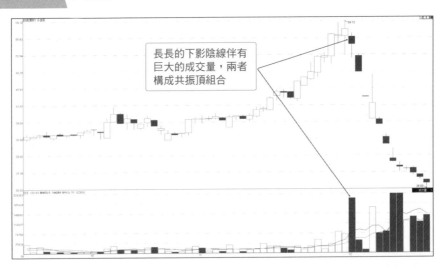

圖5-38　多喜愛2018年9月至2018年12月走勢圖

（圖中文字方塊）長長的下影陰線伴有巨大的成交量，兩者構成共振頂組合

下影線＋凸量共振頂

當下影線出現在持續上漲後的高點，表示個股的盤中賣壓大增，雖然獲得買盤有效承接，卻顯示較強的市場拋售意願。在出現下影線的當日，若有明顯放量，凸量（即脈衝式放量）與下影線就形成共振頂，進一步確認這個位置的拋盤壓力大，股價將大幅度下跌。

圖5-38為多喜愛2018年9月至2018年12月的走勢圖。個股在持續上漲後的高點，連續出現2根下影線較長的K線，是空方盤中賣壓較重的訊號，且第二根K線還伴隨單日凸量。K線與量能都是下跌訊號，兩者形成共振，預告深幅回落走勢將出現，此時持股者應賣股出場，以鎖定獲利。

長陽線＋倍增式巨量共振頂

倍增式巨量是指，個股在原有放量的基礎上進一步放量，且幅度接近之前的2倍。倍增式巨量出現後，一般來說，成交量會達到中短期內的高峰，卻很難維持，次日會出現較大幅度的縮量，使當日的放量效果呈現脈衝式形

圖5-39　蘇甯易購2019年2月至5月走勢圖

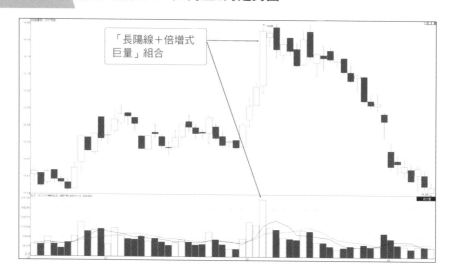

「長陽線＋倍增式巨量」組合

態，若這種量能形態出現在短期高點，是下跌訊號。

若個股當日收於長陽線，可以進一步確認為多方力量過度釋放，且長陽線使個股的短線上漲幅度增大，為隨後的股價回落創造空間。因此，在短線高點出現的長陽線與倍增式巨量形態均具有下跌含義，它們構成共振頂組合，預告股價可能大幅度回落，持股者宜賣出以規避風險。

圖5-39為蘇甯易購2019年2月至5月的走勢圖。在一波短線上漲走勢中，個股出現長陽線與倍增式巨量組合。此時的短線漲幅已較大，且2種形態均蘊含下跌資訊，形成共振頂，預告短線上漲的結束及深幅回落的開始。

對於倍增式巨量來說，若個股當日不是收於長陽線，而是收於帶有上影線或下影線的陽線，也同樣構成共振頂組合。而且，帶有長上影線的陽線，預告的短線下跌走勢往往更迅速，短期波動風險更大。持股者應在識別出這種共振頂形態後，立刻賣股出場，以規避深幅回落的風險。

圖5-40（見下頁）為魯北化工2019年3月至5月的走勢圖。個股在短線上漲走勢中出現上影陽線與倍增式巨量共振組合，預告深幅回落即將開始，持股者宜及時賣股出場。

圖5-40　魯北化工2019年3月至5月勢圖

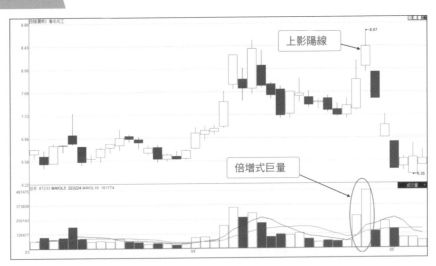

▌上影陽線＋遞增量共振頂

當上影陽線出現在短線高點時，上影線越長，短線下跌趨勢越明確。但是，上影陽線也表示多空交鋒以多方獲勝結束，多空力量對比並未完全轉變。此時，結合量能形態來找出共振組合，例如：上影陽線與遞增量共振頂，能得到更明確的下跌資訊。

圖5-41為康盛股份2019年2月至5月的走勢圖。個股在長期穩健的上升走勢中，出現長上影陽線形態，且局部量能形態為遞增式放量，這兩種形態均預告短線下跌，形成共振頂，代表個股的穩健上揚走勢即將結束，股價將深幅回落，持股者應規避高位風險，及時賣出以鎖定獲利。

▌烏雲飄來＋當日巨量共振頂

烏雲飄來，其形態近似烏雲罩頂，但略有不同，它有明顯的向上跳空缺口且當日不回補，是預告短線下跌的K線形態。若在出現此形態陰線的當日，伴隨明顯放量，甚至是巨量，代表市場賣壓極為沉重。此時，由於向上

圖5-41　康盛股份2019年2月至5月走勢圖

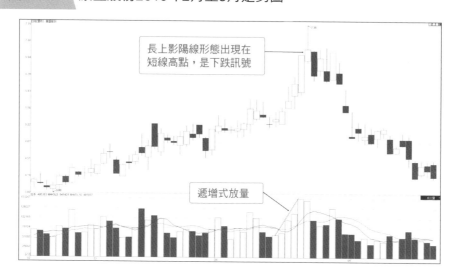

長上影陽線形態出現在
短線高點，是下跌訊號

遞增式放量

缺口仍未回補，個股仍處於短期高點，因此短線下跌空間依舊較大。出現這種共振頂組合形態的個股，次日大幅度開低走低的機率較大，是短線快速深幅回落的高風險訊號，持股者應在第一時間賣出。

　　圖5-42（見下頁）為麥克奧迪2019年5月至8月的走勢圖。個股在長期盤整之後，以長陽線向上突破，雖然突破形態優異，但次日股價開高走低且收於陰線，代表多方上攻遭遇壓力，且當日的巨量顯示市場賣壓沉重。這兩種形態形成共振頂，預告突破行情的快速折返。

▌陰孕線＋長影線放量共振頂

　　陰孕線出現在上漲後的高點，是一種看跌組合，因為較常見，出現時不一定代表價格下跌，若能結合其他訊號做綜合分析，可以進一步提升成功率。另外，長影線代表多空雙方的盤中交鋒較激烈，出現在短線高點時具有下跌含義。當陰孕線與長影線一同出現，會構成共振組合，在個股持續上漲時，具有扭轉走勢的較強動能，預告上漲走勢的終結與下跌走勢的開始。

　　圖5-43（見下頁）為永安林業2019年4月至7月的走勢圖。個股雖然穩健

圖5-42 麥克奧迪2019年5月至8月走勢圖

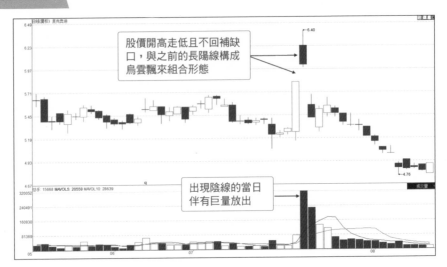

圖中標註：股價開高走低且不回補缺口，與之前的長陽線構成烏雲飄來組合形態

圖中標註：出現陰線的當日伴有巨量放出

圖5-43 永安林業2019年4月至7月走勢圖

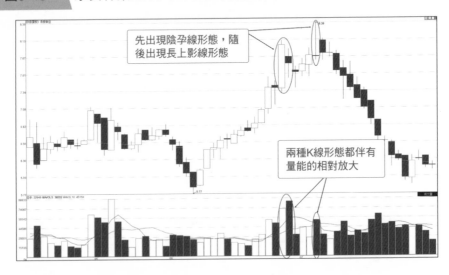

圖中標註：先出現陰孕線形態，隨後出現長上影線形態

圖中標註：兩種K線形態都伴有量能的相對放大

上升，但在上漲途中先後出現陰孕線與長上影線，且都伴隨量能放大，代表空方賣壓沉重。2種預告下跌的K線形態形成共振，K線形態與放量形態也形

圖5-44　　達安基因2018年6月至10月走勢圖

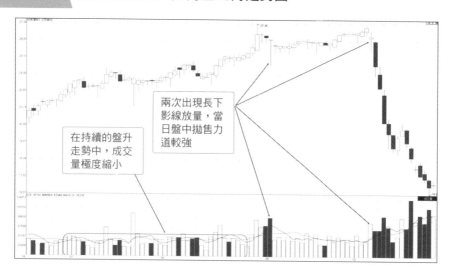

成共振，因此個股上漲遇阻而轉向下跌的機率大增，應該賣出以規避風險。

▋極度縮量盤升＋放量下影線共振頂

　　極度縮量是指，個股在行進過程中，均量水準明顯低於前期。這通常出現在漲幅較大的位置，此時大量獲利籌碼處於鎖定狀態，散戶持股較少，上漲時雖然阻力較輕，但買盤進場力道極弱。極度縮量之下的上漲往往是有主力資金參與的訊號，一旦主力開始出貨，由於缺乏承接盤，個股出現快速深幅下跌的機率較大，特別是沒有基本面支撐、狀態被高估的個股。

　　在極度縮量盤升的狀態下，若個股出現放量型的長下影線，則表示有資金在盤中出貨。下影線代表賣盤從盤中湧出，放量代表資金賣出力道較強。如果拋售資金源於主力，則個股隨後易跌難漲。在實際操作中，不宜短線參與，中長線持股者應儘早賣出，以規避股價破位下行的風險。

　　圖5-44為達安基因2018年6月至10月的走勢圖。個股的盤升走勢伴隨極度縮量，且多次出現明顯的長下影線放量。兩者均是下跌訊號並形成共振，預告中短期破位下跌走勢即將出現，是風險訊號，持股者應及時賣出。

第 **6** 章

捕捉波動法則的多技術指標共振，讓勝率翻倍

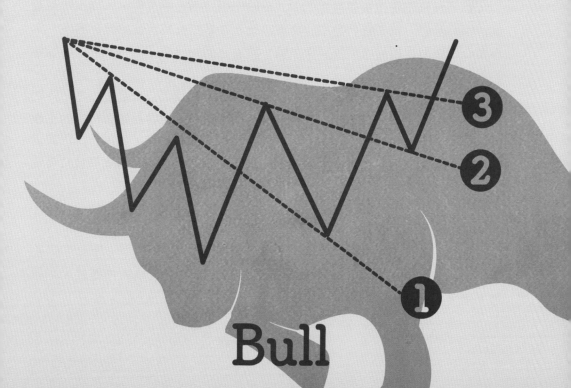

6-1 技術指標分為8種：趨勢類、擺動類、能量類……

在江恩的波動法則中，這一條最重要：「當K線、成交量、均線、KDJ指標、MACD指標、布林線指標等多種技術指標均發出買進或賣出訊號時，將引發共振。」由於K線與成交量是技術分析的核心要素，更側重於展現形態，因此我們在上一章單獨講解。

至於其他的「均線、KDJ指標、MACD指標、布林線指標」，它們有技術指標的共同點，比如：有相應的數學函式定義、有清晰的指標線、能依據指標線或指標值來分析多空力量的轉變等。

這些技術指標以數學量化的方式反映市場或個股的表現，若能以江恩波動法則為基礎，統一它們發出的買賣訊號，在實際交易上就更具參考性。本章要介紹技術指標的原理及買賣訊號，看看它們如何相互配合，形成階段性的共振底與共振頂。

雖不像量價分析那樣普及，但對於善用指標的技術分析派投資者，特別是初學者來說，往往有不錯的實戰效果。因為量價分析容易帶有一定的主觀性，分析量價形態時，如果不能準確結合股價走勢的特點，就可能得出錯誤的結論。因此，對於量價分析功底不夠深的投資者來說，利用簡單且具有量化特性的指標來操作，不失為一種好策略。

▎什麼是技術指標？

技術指標將股市或個股的盤面資料，轉化為具體可見的指標線、指標值，呈現市場某一層面的量化資訊。

　　技術指標有兩個核心，一個是指標的設計原理，例如：指標主要用於反映趨勢，或是反映短期波動；指標設計是依據道氏理論的趨勢原理，或是依據波浪理論的迴圈浪原理。

　　另一個核心點是指標的輸入與輸出參數。指標的輸入參數是基本的盤面交投資料，例如：開盤價、收盤價、最高價、最低價及成交量，不同的技術指標會使用不同的交易資料；輸出參數則是指標值，以及由指標值連接而成的平滑曲線。

▎技術指標的分類

　　依據指標的設計原理，有些反映趨勢，有些反映超買超賣，有些反映動能大小，有些反映價格擺動情況等，一般來說可以分為以下幾種：

1. 趨勢類指標

　　趨勢類指標源於道氏理論所闡述的趨勢行進規律，核心觀點是：一旦市場的趨勢形成，價格有沿著這一趨勢行進的動力。順應趨勢可以輕鬆獲利，無視趨勢則虧損累累。

　　趨勢根據方向性可以分為3種：上升、下跌和橫向震盪，每個趨勢都要經歷形成、發展、加速、轉向等環節。由於趨勢的形成及延續橫跨較長的時間，所以趨勢類指標普遍具有穩定性，受到很多投資者青睞。

　　趨勢類指標以移動平均線（MA）為代表，根據趨勢所處的階段（上升、平台、下降）以及價格在趨勢線的位置，來判斷買賣時機。其他趨勢類指標還有指數平滑異同移動平均線（MACD）、三重指數平滑移動平均指標（TRIX）和瀑布線（PBX）等。

2. 擺動類指標

　　擺動類指標依據統計學的「回歸平衡點」概念，側重於揭示價格短期波動。統計學認為，變化中的事物有向平衡位置回歸的傾向，特別是大幅偏離平衡點時，回歸傾向更強烈。基於這一概念，擺動類指標根據價格在一段時間內偏離平衡位置的程度，指出市場當前是超買或超賣，並以此研判價格的

短期波動方向。

　　由於擺動類指標較靈敏，能預告短期波動的高低點，更適合在趨勢方向不明朗的震盪走勢中，分析波段交易的時機。但若是在明顯的大幅上升或下降趨勢，由於平衡位置會不斷變化，擺動類指標會變得遲鈍，不能如實反映股價的真實走勢，因此，在應用擺動類指標判斷大盤行情時，應同時結合趨勢類指標。

　　由於擺動類指標涉及統計學理論，設計原理大都較為複雜，我們在實戰中只需知道它的使用方法就可以。擺動類指標主要包括隨機指標（KDJ）、乖離率（BIAS）、相對強弱指標（RSI）等，其中最常用的是隨機指標（KDJ）。

3. 能量類指標

　　多方或空方能量的大小決定股價走勢行進的持續力道，因此能量類指標，如：人氣意願指標（BRAR）、中間意願指標（CR）、容量比率指標（VR）和心理線指標（PSY）等，是透過分析市場多空能量的變化，研判買盤與賣盤的進場力道，並據此判斷股價走勢。當多方能量較強時，能量類指標會提示我們買股；當空方能量較強時，則提示我們賣股。

4. 成交量類指標

　　成交量類指標包括成交量（VOL）、均量線和能量潮（OBV）等，顧名思義是以指標曲線呈現成交量的變化情況。

　　成交量增加或萎縮都代表定的價格行進趨勢，正是量的變化促使股價不斷改變，所以量能形態可以預告個股的走勢。由於這類指標以成交量而非價格為參數，因此投資者在使用時，應結合可以反映股價走向的趨勢類指標做綜合判斷。

5. 大盤類指標

　　前述都是既能反映個股，也能反映大盤運行狀況的通用型指標。大盤類指標包括漲跌家數對比（A/D）、漲跌比率（ADR）、騰落指數（ADL）等，則是用於反映大盤，即市場整體運行狀況的專門指標，分析對象是大盤

指數或板塊指數等。

　　舉例來說，ADR指標能即時反映上漲股票數量和下跌股票數量的比值，透過數值變化，來把握市場多空力量的變化，進而預判漲跌走勢。

6. 區間指標

　　區間指標反映一時段內的統計資料，如：換手率、累積成交量、累積漲幅或跌幅等。常用的有區間換手率、區間累積漲跌幅度、區間累積成交量和區間累積成交額等。

7. 其他指標

　　有一些指標依據獨特的交易理念，例如，通道類指標是依據「股價在通道之中行進」這一理念，典型的有布林線指標和麥克指標；停損類指標是依據股市設置停損價位的模型。可以說，任何一種獨特的交易理念都可以量化為指標形態。

8. 特色指標

　　股票行情軟體有自己的特色指標，很難將其列入以上指標類型中，可以看作是上述的補充。

6-2 認識移動平均線，從持股成本變化看穿股價漲跌

　　移動平均線（Moving Average，簡稱MA）是依據道氏理論的「平均成本」概念，並借助數學的移動平均法而發明，用來展示投資者的平均持股成本，以及持股成本的變化情形，並據此研判趨勢。

　　MA是很多趨勢類指標（如MACD）的基礎，以下要來講解其原理與運用方式。

▌MA的原理

　　趨勢方向最直接的表現方式是市場平均持股成本的變化。觀察持股成本有兩個關鍵：一是要取平均值，只有平均值才能反映整體市場；二是要兼顧不同的時間週期，短期與中期、長期的市場平均持股成本並不相同，了解短期與中長期持股成本之間的關係也是一大要點。

　　MA的設計原理是以市場平均持股成本的發展方向為核心，用指標線呈現短期、中期和長期的持股成本變化，進而研判趨勢行進方向。如果結合MA走向以及股價變化來分析行情，所得出的結論將更為準確。

　　應注意，平均持股成本的變化只能反映當前趨勢，雖然趨勢形成後有在原有軌道上行進的慣性，但也有可能出現轉折。因此，我們應密切關注後續的買賣盤交鋒情況，看看多空力量是否此消彼長。

　　MA曲線也能反映多空力量的變化，短期曲線較靈敏，中長期曲線較穩定，在實際應用中，將不同時間週期的MA結合運用，既可以識別當前趨勢，也可以把握趨勢的轉向。

MA的計算方法

MA如何反映市場平均持股成本的變化，進而反映趨勢走向呢？這個問題涉及MA的計算方法。首先，計算一段時間週期的持股成本總和，再除以週期單位，就得出這段時間週期的平均持股成本，也就是MA。

選取持股成本數據時，一般是用當日的收盤價，而且只計算有開盤的交易日。

假設以C來代表收盤價，n代表時間週期，則計算公式為：

$$MA＝（C1＋C2＋C3＋C4＋C5＋……,＋Cn）÷n$$

以時間週期為5日的均線MA5為例，當日的數值為：

MA5＝（前4天收盤價＋前3天收盤價＋前2天收盤價＋前1天收盤價＋當天收盤價）÷5

計算出每個交易日的數值，並將這些數值連成平滑曲線，便得到MA線。除了5日這一短時間週期，其他常用的還有10日、15日、20日、30日、60日、120日等。

在實際操作中，可以主要關注5日均線MA5、15日均線MA15、20日均線MA20和30日均線MA30。其中MA5較靈敏，能及時發現趨勢變化的訊號，適用於研判短線操作；MA20與MA30較穩定，適用於研判中期走勢。

時間週期長短不一的均線組成均線系統，透過其排列形態、均線之間的交叉及位置關係，就能展開操作。

格蘭維爾均線系統

美國證券分析家格蘭維爾（Joseph E. GRanville）歸納出均線系統的4個買進訊號與4個賣出訊號，如圖6-1（見下頁）所示。圖中的實線代表短期均線MA5，虛線代表中期均線MA30（或MA60）。2條曲線之間的位置及交叉關係，展示出均線系統在趨勢行進的各個階段，所發出的買賣訊號，是運用均線時應掌握的重點。

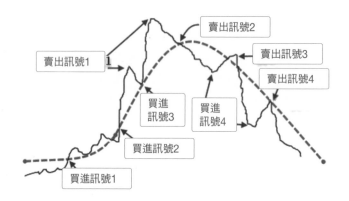

圖6-1　　格蘭維爾移動均線的8個買賣訊號

（1）買進訊號1：在中長期低位，多方力量並不占據主導地位，MA5位於MA30下方。若MA30開始走平，隨後MA5向上穿越MA30，表示多方力量在低位積蓄完畢，開始發動攻勢，是上升行情即將出現的標誌，也是升勢形成初期的買進訊號。

（2）買進訊號2：在升勢開始後，MA5位於MA30上方，但多方力量的優勢並不明顯，漲勢十分緩慢。受中短期獲利賣壓影響，MA5向下跌破MA30，趨勢再度陷入不明朗。若MA5再度上行穿越MA30，就代表之前的回落僅是一波短期回檔，新一波上漲走勢即將展開，可看作是升勢中的追漲買進訊號。

（3）買進訊號3：在快速上漲後，MA5向上遠離MA30。這是短期內多方力量快速釋放的結果，但漲速過快導致獲利賣壓增強，市場處於超買狀態，股價有再度向下靠攏MA30的傾向。若出現回落走勢使得MA5跌至MA30附近，且MA30對MA5形成有效支撐時，可以看作是升勢中的回檔買進時機。

（4）買進訊號4：在下跌途中，MA5位於MA30下方。短期內快速、深幅的下跌使MA5向下明顯遠離MA30，市場處於短期超賣狀態，被套盤惜售的情緒明顯。由於短期內的賣壓已得到充分釋放，只需少量的買盤進場推

動，個股就能迎來強勢反彈，因此是下跌途中搏取反彈行情的買進時機。

（5）賣出訊號1：在短期快速上漲後，MA5向上遠離MA30，市場處於短期超買狀態，有回檔釋放獲利賣壓的需要，是中短線逢高賣出的時機。

（6）賣出訊號2：在累積漲幅較大的高位，如果MA5向下滑落並跌破MA30，往往是多空力量強弱對比發生重大轉變、中期頭部出現的訊號，中長期投資者應賣出股票。

（7）賣出訊號3：個股在高位震盪滯漲，原有的上升形態被完全打破，股價重心震盪下移。此時若出現上漲，使MA5向上突破MA30，一般來說只是反彈走勢，宜逢高賣出。

（8）賣出訊號4：在一波快速下跌後，MA5向下遠離MA30。隨後，反彈上漲走勢使MA5上升至MA30附近，但MA30會對其構成壓制，所以是下跌途中出現反彈高點的賣出時機。

6-3

移動平均線與K線的共振訊號，呈現大趨勢方向

若MA發出的買進訊號與其他指標發出的買進訊號同時出現，就構成共振買進時機；若賣出訊號同時出現，則構成共振賣出時機。本節要介紹常見的MA共振訊號有哪些，包括：MA反映的趨勢走向、MA之間的交叉等等。

▌MA形態與趨勢的關係

隨著價格漲跌，時間週期不一的多條MA會以多頭排列或空頭排列形態，來展示當前的趨勢走向。

當趨勢處於上漲，MA的多頭排列形態特徵是：較短週期的MA會位於較長週期的MA上方，且整個均線系統呈向上發散狀態，代表在升勢中陸續進場的買盤不斷推升價格，堆高後來進場的持股成本，短期的市場平均持股成本也就比較高。此形態彰顯出，因為有充足的後續買盤推動，升勢才能持續行進。

當趨勢處於下跌，MA的空頭排列形態特徵是：較短週期的MA會位於較長週期的MA下方，且整個均線系統呈向下發散狀態，代表在跌勢中，因為價格震盪下移，後進場的買盤持股成本會低於先前進場的買盤，短期的市場平均持股成本也就比較低。

圖6-2為寶鷹股份2019年3月至11月的走勢圖。圖中由細到粗的4條MA分別是MA5、MA10、MA20和MA30，組成一個均線系統。個股在此期間先後出現空頭排列與多頭排列形態。空頭排列出現在高位盤整走勢之後，是破位行情展開、跌勢出現的訊號；多頭排列出現在低位長期震盪之後，是突破行

| 圖6-2 | 寶鷹股份2019年3月至11月走勢圖 |

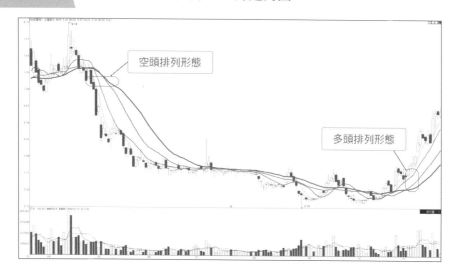

情展開、升勢出現的訊號。

趨勢中繼的MA形態

當MA的多頭排列（或空頭排列）形態因著價格的上下波動而不再明顯，短期MA與中期MA或靠攏、或交叉，這不是趨勢轉向的訊號，通常只是震盪或盤整環節的開始。

可以利用均線形態的典型特徵，來識別這些中繼環節。在上升（或下跌）趨勢中，MA出現黏合形態代表趨勢進入短暫的盤整，短期MA會由上向下（或由下向上）靠攏中期MA，使多條MA相互靠近並黏合在一起。

圖6-3（見下頁）為國光電器2019年7月至11月的走勢圖。個股自低位震盪上揚，且MA系統呈現多頭排列形態。在累積漲幅不大的位置，股價小幅度回落並開始盤整，短期MA向下靠攏中期MA，呈現黏合形態，是中繼盤整的記號。在個股累積漲幅不大，市場整體環境趨好的情況下，可以看作是升勢中的回檔買進訊號。

MA的黏合形態代表價格反向波動幅度不大，多為小幅度的盤整。但在

圖6-3	國光電器2019年7月至11月走勢圖

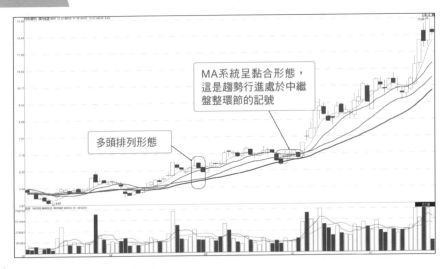

趨勢行進的中繼環節也可能出現幅度較大的震盪走勢，徹底打破原有的MA排列形態，使週期不一的多條MA相互交叉、纏繞。此時，可以借助於更具穩定性的中期均線MA30或MA60來分析。

如果MA30或MA60的延伸方向與原有趨勢一致，在中期操作中應以順勢為主；如果MA30或MA60開始走平或反方向，則應結合累積漲跌幅度、股價與MA30或MA60之間的位置關係來分析。

一般來說，在累積漲幅不大（或剛剛展開）的上升趨勢中，MA30或MA60走平或下傾，並不代表升勢終結，只要股價不能長時間位於均線下方，隨後重回升勢的機率依舊很大；同樣地，在累積跌幅不大（或剛剛展開）的下跌趨勢中，MA30或MA60走平或上行也不代表跌勢終結，只要股價不能長時間站穩均線上方，隨後重回跌勢的機率依舊很大。下面，我們結合案例加以說明。

圖6-4為浙江交科2018年12月至2019年6月的走勢圖。個股在下跌途中出現一波持續時間長、幅度較大的上漲走勢，打破MA的空頭排列形態，MA30轉向上行。由於中短期上漲幅度較大，累積較多獲利賣壓，而且趨勢反轉並非一蹴而就，此時的趨勢行進方向並不明朗。在實際操作中，投資者不宜追

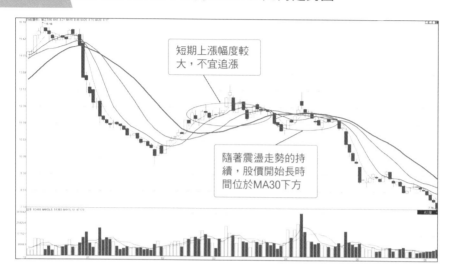

圖6-4　　浙江交科2018年12月至2019年6月走勢圖

> 短期上漲幅度較大，不宜追漲

> 隨著震盪走勢的持續，股價開始長時間位於MA30下方

漲，應觀望。

　　隨著橫向震盪持續，MA30再度下傾，且股價長時間位於MA30下方，代表隨著震盪行情延續，空方力量再度占據主導地位，新一波下跌行情即將展開。

　　MA可以呈現趨勢，但MA系統的形態變化緩慢，若僅依據多頭、空頭排列的變化把握買賣時機，獲得的資訊往往嚴重滯後。除了6-2小節所列出的格蘭維爾8個買賣訊號之外，這裡再總結出幾種實用的交易方法，也就是MA發出的共振訊號。

▌股價加速遠離MA5的共振訊號

　　如果股價加速上漲且明顯遠離MA5，除非有利多或熱門題材持續驅動，否則這種上漲較難站穩於高位，股價走勢因獲利賣壓而深幅回落的機率較大，投資者不宜追漲，應賣出。

　　圖6-5（見下頁）為山推股份2019年1月至4月的走勢圖。在橫向盤整之後，個股開始突破上揚，但由於突破速度過快，股價遠離MA5，再加上沒有

圖6-5　　山推股份2019年1月至4月走勢圖

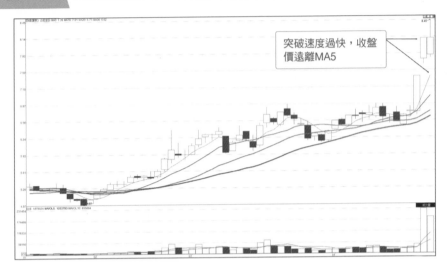

突破速度過快，收盤價遠離MA5

明顯的利多驅動，所以突破行情較難持續，容易引發行情反轉。

另一方面，如果股價加速下跌且明顯遠離MA5，除非有利空，否則容易出現強勢反彈。在實際操作中，投資者可適當參與，搏取反彈行情。

圖6-6為先導智能2018年8月至11月的走勢圖。個股在一波短期深幅的下跌走勢中，股價向下遠離MA5，且並非利空所致。隨後，基於股價回歸靠攏MA5的傾向，個股出現一波強勢的反彈行情。

多條MA靠攏的共振訊號

持續的橫向震盪會使週期不一的多條MA相互靠攏，是多空力量均衡的標誌。這種均衡一旦被打破，往往會出現大規模的上升或下跌行情。

圖6-7為安陽鋼鐵2019年1月至5月的走勢圖。個股在升勢中長時間橫向震盪，多條MA聚攏在一起，MA30明顯走平，表示趨勢即將轉向。隨後，連續兩根陰線向下跌穿以MA30為支撐的多條MA，是趨勢選擇向下的訊號，投資者應注意規避風險。

圖6-6　先導智能2018年8月至11月走勢圖

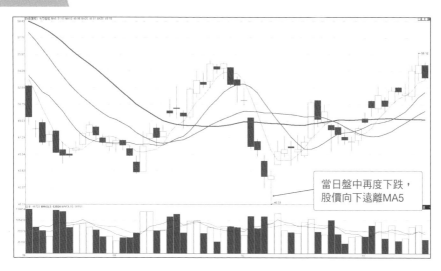

當日盤中再度下跌，
股價向下遠離MA5

圖6-7　安陽鋼鐵2019年1月至5月走勢圖

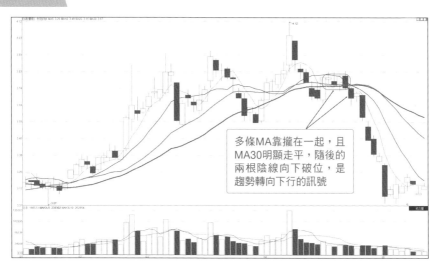

多條MA靠攏在一起，且
MA30明顯走平，隨後的
兩根陰線向下破位，是
趨勢轉向下行的訊號

MA5與MA10交叉的共振訊號

個股的上升或下跌走勢往往形成大波段，這時買盤或賣盤的持續進場力道較強，股價在趨勢行進過程中不會長時間回落或反彈，使得MA5總是穩穩運行在MA10上方（或下方）。

但是，在累積上漲（或下跌）幅度過大的情況下，如果MA5向下（或向上）交叉MA10，大多表示多空力量強弱對比正在轉變。基於MA5與MA10的靈敏性，此交叉形態可以更及時地預告頭部（或底部）形成。

圖6-8為鴻路鋼構2019年2月至5月的走勢圖。個股在持續上升的走勢中，MA5一直穩穩站在MA10上方，但在累積漲幅較大的位置，MA5向下交叉MA10，是升勢見頂的標誌，投資者應注意規避趨勢轉向的風險。

MA5連續交叉破MA30的共振訊號

如果在高位，MA5持續下行並連續跌破MA10、MA20和MA30，就代表空方力量的優勢明顯，趨勢加速轉向下行的機率較大，應及時賣出；如果在低位，MA5持續上行並連續突破MA10、MA20和MA30，則代表多方力量的優勢明顯，趨勢加速轉向上行的機率較大，可適當追漲進場。

圖6-9為青松股份2019 年1月至6月的走勢圖。在高位的一波回落走勢中，MA5持續下行並連續跌破MA10、MA20和MA30，表示空方力量占據優勢，下跌趨勢初步形成並有加速向下的傾向。

圖6-8　　鴻路鋼構2019年2月至5月走勢圖

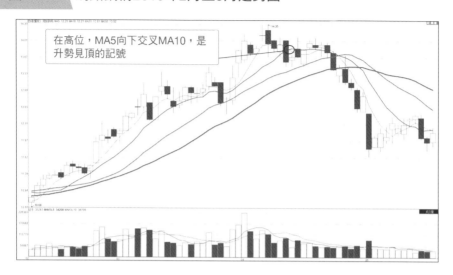

> 在高位，MA5向下交叉MA10，是
> 升勢見頂的記號

圖6-9　　青松股份2019年1月至6月走勢圖

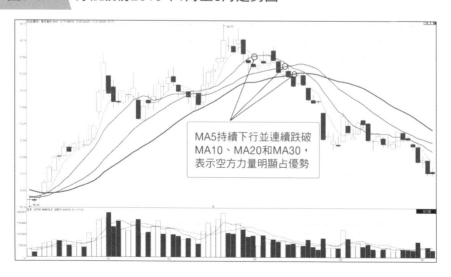

> MA5持續下行並連續跌破
> MA10、MA20和MA30，
> 表示空方力量明顯占優勢

6-4
MACD與K線的共振訊號，短期、中期趨勢皆能反映

升勢或跌勢相對明朗時，利用MA可以做出理想的買賣決策；但是，在價格處於橫盤整理時，MA的訊號往往不準確，有沒有一種指標能彌補這一不足呢？

美國的技術分析師吉羅德・阿佩爾（Gerald Appel）於1979年提出指數平滑異同移動平均線（Moving Average ConvergenceDivergence，簡稱MACD）指標，其獨特的設計原理既有MA呈現趨勢的穩定性，又兼具反映價格短期波動的靈敏性，在整個指標體系中占有極重要的地位，發出的買賣訊號也相當穩定、準確。

▌MACD指標的原理

吉羅德・阿佩爾曾對MA深入研究，發現MA有一種收斂特性，即時間週期相距較大的不同MA，會隨著價格波動，呈現一連串相互聚合、分離、再聚合的特性。

簡單來說，MA的收斂特性也可理解為中長期MA對短期MA具有吸引力與排斥力。當短期MA與中長期MA相互靠攏或黏合，短期MA會有再度遠離中長期MA的傾向，可以稱之為MA之間的排斥力；另一方面，短期MA在遠離中長期的MA之後，會有再度靠攏中長期MA的傾向，可以稱之為MA之間的吸引力。

例如，在上漲趨勢中，價格的快速上揚會使短期MA向上遠離中長期MA，這往往與資金加速進場、市場情緒過於樂觀有關，一般並不持久。隨

著理性回歸，股價會出現回檔，導致短期MA向下靠攏中長期MA。同理，在下跌趨勢中也存在類似的運動。

MACD指標就是基於MA的這種收斂特性而得。吉羅德‧阿佩爾將此特性具體量化，透過計算兩條MA之間的距離得出MACD指標，藉此獲得較明確的買賣訊號。

MACD指標的計算方法

MACD指標由3個部分構成，即2條指數移動平均線（EMA）、離差值（DIFF）和離差平均值（DEA），其中DIFF反映兩條EMA的偏離程度，是研判價格波動的依據，DEA則作為輔助。

MACD指標在股票行情軟體中是以「MACD（12，26，9）」的形式呈現。其中，「26」即26個交易日，是慢速指數移動均線，用EMA1表示；「12」即12個交易日，是快速指數移動均線，用EMA2表示。在得出計算結果後，要將數值連成平滑的曲線，9日就是為了進行平滑處理而設計的時間週期。

DIFF是EMA1和EMA2的差值，DEA則是DIFF的移動平均線，在實際應用中，DIFF和DEA的交叉關係，以及DIFF的變化方式就是分析的依據。以下說明MACD指標各種數值的計算方式：

1. 計算2條EMA，分別以12日、26日為時間週期

EMA1＝EMA（收盤價，12）＝【2×當日收盤價＋（12－1）×上一日的EMA1數值】÷（12＋1）。

EMA2＝EMA（收盤價，26）＝【2×當日收盤價＋（26-1）×上一日的EMA2 數值】÷（26＋1）。

將每個交易日的EMA1數值用平滑曲線連接起來，可得出一條週期為12日的指數移動平均線，同理，也可得出一條週期為26日的指數移動平均線。

2. 計算DIFF

DIFF＝EMA1 － EMA2。

DIFF的正負值反映出兩條指數移動平均線的位置關係，DIFF的絕對值大小則反映其偏離程度。

3. 計算DEA（DIFF的9日EMA）

DEA＝EMA（DIFF，9）。

以9日為單位再取一次DIFF的平均值，得出的曲線稱為DEA。這樣做有兩個好處：一是消除曲線行進中的偶然性噪音，使其表現得更為穩定；二是可以結合DIFF曲線，透過兩條線的關係來研判買賣時機。

4. 計算MACD數值

MACD＝（DIFF－DEA）×2。

得出的數值大小是DIFF與DEA差值的兩倍，放大曲線之間的偏離情況。在圖表上，MACD數值會以柱線輸出，當柱線位於0軸上方，用紅色表示，位於0軸下方時，用綠色表示，讓數值的正負變化更直觀，更容易觀察DIFF曲線的行進狀況。

▋MACD指標線與0軸的相對位置

MACD指標是以MA為基礎，同樣能反映趨勢。在上升趨勢的MA多頭排列形態中，時間週期較短的MA會位於週期較長的MA上方，故MACD指標中的DIFF＝EMA（12）－EMA（26）通常為正數，DIFF線會穩穩站在0軸上方。雖然期間可能因價格回檔或盤整，而破壞MA多頭排列形態，但這是暫時的，DIFF線即使跌破0軸，隨後也很快就會再度上行並站在0軸上方。

圖6-10為寶信軟體2018年12月至2019年10月的走勢圖。在個股步入上升趨勢後，可看到2條MACD指標線一直穩健行進在0軸上方。在上升途中，個股出現持續較久的橫向震盪，價格有所調整，也使MACD指標線向下跌破0軸，但位於0軸下方的時間並不長；隨後個股重拾升勢，MACD指標線就再度站穩在0軸上方。

同理，在下跌趨勢的MA空頭排列形態中，時間週期較短的MA會位於週期較長的MA的下方，導致DIFF線位於0軸下方。雖然期間可能因價格反

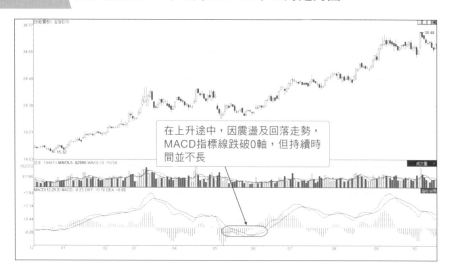

圖6-10　寶信軟體2018年12月至2019年10月走勢圖

在上升途中,因震盪及回落走勢,MACD指標線跌破0軸,但持續時間並不長

彈或盤整,而破壞MA空頭排列形態,但也是暫時的,即使DIFF線突破0軸,隨後也會因反彈行情,結束而再度向下跌破0軸。

圖6-11(見下頁)為南京化纖2019年4月至11月的走勢圖。可以看到,下跌期間的MACD指標線持續行進於0軸下方。下跌過程漫長且力道大,只要MACD指標線不能長時間突破0軸,且個股累積跌幅不夠深,或未能有效降低下跌風險,就不宜輕易抄底進場。

背離形態下的共振訊號

MACD指標的背離形態有兩種表現:一種是頂背離,預告升勢見頂;另一種是底背離,預告跌勢見底。下面我們結合兩個不同的案例,看看這2種背離形態如何提示頭部與底部。

圖6-12(見下頁)為百聯股份2018年11月至2019年6月的走勢圖。個股在高位仍震盪上揚,且股價創出新高,但同期的MACD指標線卻震盪下行,股價與MACD指標線的行進方向背離,這是頂背離。

頂背離出現在個股累積漲幅較大的位置時,是多方推動力量不足的訊

图6-11　南京化纖2019年4月至11月走勢圖

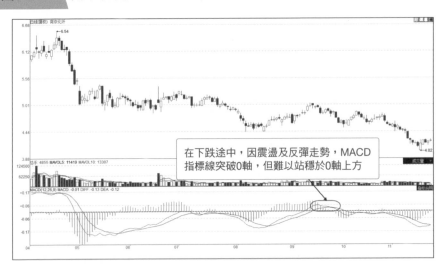

> 在下跌途中，因震盪及反彈走勢，MACD
> 指標線突破0軸，但難以站穩於0軸上方

图6-12　百聯股份2018年11月至2019年6月走勢圖

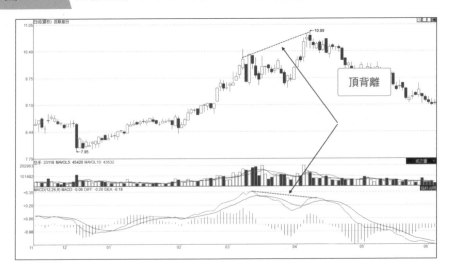

> 頂背離

圖6-13　萬里股份2018年5月至2019年1月走勢圖

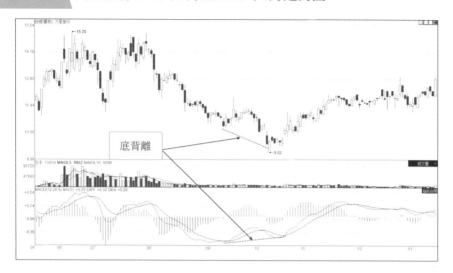

號，預告升勢即將見頂，投資者應注意規避風險。應用頂背離時，還要注意MACD指標線與0軸之間的距離，當距離較遠，預告見頂的準確率更高。

看另一例子，圖6-13為萬里股份2018年5月至2019年1月的走勢圖。個股在低位仍震盪下行，且股價創出新低，但同期的MACD指標線卻震盪上行，股價與MACD指標線的行進方向背離，這是底背離。

底背離出現在個股累積跌幅較大的位置時，是空方力量減弱、多方力量轉強的訊號，預告跌勢即將見底，投資者可關注買進機會。應用底背離時，同樣也要注意MACD指標線與0軸之間的距離，當距離較遠，準確率也更高。

總結來說，利用MACD指標線研判趨勢轉向時，可以關注兩方面重點。一是觀察MACD指標線的形態變化，例如頂背離或底背離形態。二是觀察MACD指標線與0軸之間的位置關係。在實際操作中，我們應結合MACD指標線與股價走勢這2項要素做綜合分析，以此得出的結論更為準確，也符合江恩波動法則的核心思想。

一次交叉下的共振訊號

MACD指標線的交叉形態是指DIFF線向上（或向下）與DEA線交叉。向上交叉時，稱為黃金交叉，是多方力量轉強的訊號；向下交叉時，稱為死亡交叉，是空方力量轉強的訊號。但是在實際應用時，並非每一次出現的交叉形態都是買賣訊號，必須結合股價走勢以及MACD指標線與0軸之間的距離做綜合分析。

首先看死亡交叉形態。當MACD指標線在0軸上方且遠離0軸的位置出現死亡交叉，代表短期高點的市場賣壓較強，是即將出現深幅回落的訊號；當MACD指標線在0軸附近出現死亡交叉，多代表盤整走勢即將結束，空方力量開始占優勢，是即將出現破位行情的訊號。

圖6-14為寧波中百2019年1月至5月的走勢圖。個股在短期大漲後出現盤整走勢，MACD指標線出現死亡交叉且距離0軸較遠，代表空方力量轉強，即將出現一波深幅下跌走勢，應賣股出場。

接下來看黃金交叉形態。當MACD指標線在0軸下方且遠離0軸的位置出現黃金交叉，代表短期低點的市場買盤力量增強，是反彈或反轉行情有望出現的訊號；當MACD指標線在0軸附近出現黃金交叉，多表示盤整走勢即將結束，多方力量開始占優勢，是新一波上攻行情即將出現的訊號。

圖6-15為創業環保2019年2月至7月的走勢圖。個股在深幅下跌後的低位出現盤整走勢，MACD指標線出現黃金交叉，且遠離上方的0軸，表示隨後出現反彈行情的機率較大，投資者可以適當抄底買進。

二次交叉下的共振訊號

二次交叉也被稱為雙交叉，分為二次黃金交叉與二次死亡交叉，往往是趨勢轉向的訊號。

先來看典型的二次死亡交叉形態。在高位的震盪走勢中，股價未下跌，甚至有所上漲，期間出現兩次死亡交叉形態，而且後一個死亡交叉的位置低於前一個，通常預告較大幅度的下跌走勢，是趨勢轉向下行的訊號。

圖6-16（見192頁）為銀座股份2019年1月至5月的走勢圖。個股在長時

圖6-14　寧波中百2019年1月至5月走勢圖

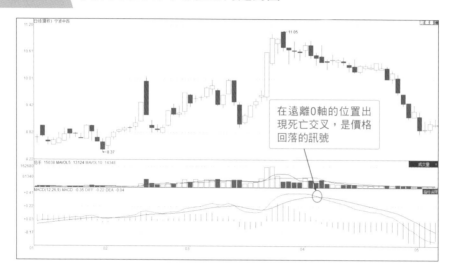

在遠離0軸的位置出現死亡交叉，是價格回落的訊號

圖6-15　創業環保2019年2月至7月走勢圖

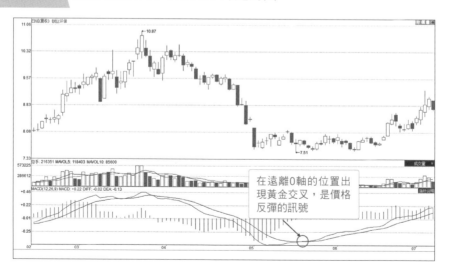

在遠離0軸的位置出現黃金交叉，是價格反彈的訊號

圖6-16 銀座股份2019年1月至5月走勢圖

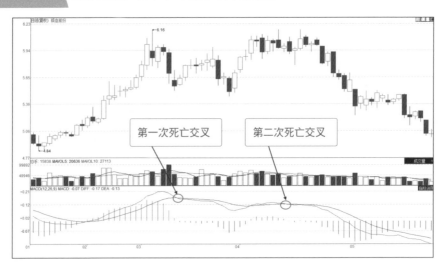

間橫向震盪走勢中出現二次死亡交叉形態，是中期賣股出場的訊號。

接下來看典型的二次黃金交叉形態。當個股處於低位震盪，股價未上漲，甚至有所下跌，期間出現兩次黃金交叉，而且後一個黃金交叉的位置高於前一個，通常預告較大幅度的上漲走勢，是趨勢轉向上行的訊號。

圖6-17為星湖科技2018年11月至2019年3月的走勢圖。個股在低位的橫向震盪中出現二次黃金交叉，預告一波大規模的上升行情即將展開，是買進訊號。

▍柱線伸縮的共振訊號

當DIFF線位於DEA線上方，表示價格處於上漲走勢，且多方力量強過空方力量，大於0的MACD值在圖表中會用紅色柱線來示；當DIFF線位於DEA 線下方，表示價格處於下跌走勢，且空方力量強過多方力量，小於0的MACD值會用綠柱線表示。

紅柱線的伸長或縮短，既反映出股價走勢，也代表多方力量的強弱變化。當紅柱線快速縮短，代表上漲走勢雖未終結，卻已是強弩之末，股價隨

圖6-17　星湖科技2018年11月至2019年3月走勢圖

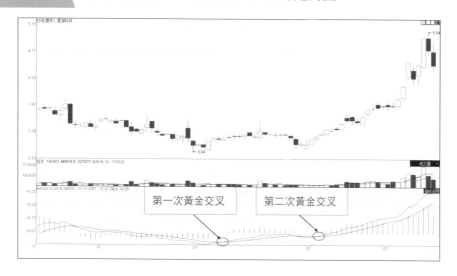

時有可能調頭。此時要逢高賣出，以規避中短期見頂的風險。

　　圖6-18（見下頁）為中房股份2018年10月至2019年1月的走勢圖。在一波短期大漲之後，紅柱線達到中長期高峰，接著快速縮短，表示多方力量正由強轉弱，個股中短期見頂的機率大增，是賣出訊號。

　　綠柱線的伸長或縮短代表空方力量的強弱變化。當綠柱線快速縮短，代表下跌走勢雖未終結，但市場賣壓明顯減輕，往往醞釀反彈行情。

　　在應用綠柱線縮短形態來搏取反彈行情時，由於這是抄底行為，風險比較大，因此要滿足2個要點才能實施：一是價格的中短期跌幅較大，特別是短期下跌走勢要有明顯的長陰線加速向下形態，以充分釋放空方力量；二是在綠柱線縮短的過程中，價格未出現明顯反彈，仍處於短期低點。

　　圖6-19（見下頁）為覽海投資2019年2月至5月的走勢圖。在個股深幅下跌的過程中，綠柱線不斷伸長，是空方力量不斷加強、下跌走勢加速的訊號，此時不可隨意確定低點，應靜待多方力量轉強。

　　隨後，個股連續幾日止穩，綠柱線快速縮短，是短期內多方力量轉強的訊號。由於此時的股價仍處於階段性低點，反彈空間相對充足，在短線操作中，投資者可以適當參與買進，搏取反彈行情。

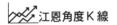
圖6-18　　中房股份2018年10月至2019年1月走勢圖

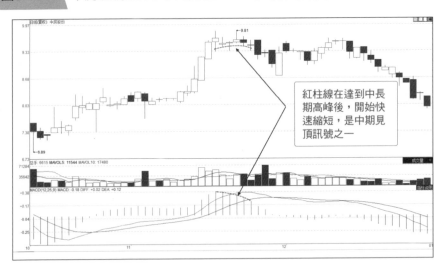

紅柱線在達到中長期高峰後，開始快速縮短，是中期見頂訊號之一

圖6-19　　覽海投資2019年2月至5月走勢圖

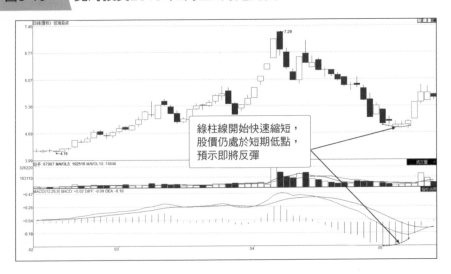

綠柱線開始快速縮短，股價仍處於短期低點，預示即將反彈

圖6-20　北京城鄉2019年1月至5月走勢圖

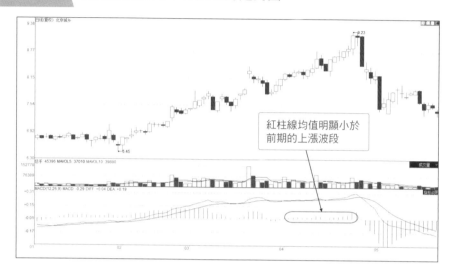

紅柱線均值明顯小於
前期的上漲波段

　　柱線的長短代表多方（或空方）力量的強弱，可以幫助我們了解個股的上漲動力（或下跌動力）是否充足，進而把握趨勢的行進方向。以下結合案例來看實際的應用。

　　圖6-20為北京城鄉2019年1月至5月的走勢圖。在個股的穩健攀升走勢中，紅柱線不斷伸長，但隨著上漲延續，在高位的新一波上漲走勢中，紅柱線的均值卻遠遠低於前期的上漲波段，代表多方推動力量已減弱，此時的上漲既是因為趨勢的慣性作用，也是因為賣壓較輕，並非多方力量充足的結果。

　　隨著漲幅增大，獲利盤明顯增多，一旦賣壓出現，當前的買盤力量無法承接，個股難以站穩於高位。因此，紅柱線均值的變化可以看作是升勢即將見頂的訊號。

6-5 行情不明朗時，關注KDJ與K線的共振訊號

　　KDJ指標是典型的擺動類指標，透過分析股市短期內的超買超賣情況，呈現股價的短期波動，適用於橫向震盪的盤整行情。相較於前面介紹的MA、MACD等呈現趨勢行進的指標類型，KDJ指標有著完全不同的設計理念。正因為KDJ指標獨特的設計原理與適用範圍，將其納入多指標共振的研究中，將會收效顯著。

▌KDJ指標的原理

　　MA是以股價的收盤價作為參數，但是收盤價這個資料過於單一，無法呈現價格在盤中的波動幅度，因此反映不了多空交鋒的情況。喬治‧藍恩（George Lane）是股市技術分析大師，他最先認知到這些缺點，所以改用全新的設計理念，融合動量觀念、強弱指標和MA的優點，創造出KDJ指標。

　　KDJ指標主要研究最高價、最低價與收盤價之間的偏離關係，可以考查當前價格在波動過程中，偏離正常價格區間的程度。在設計原理方面，擺動類指標引入平衡位置這一概念，有利研判趨勢不明朗的震盪行情。

　　基於股價「無論是向上或向下波動，都將向其平衡位置靠攏」的理念，KDJ指標認為：一定幅度的上漲就是賣出的理由，因為市場會進入超買狀態；同樣地，一定幅度的下跌就是買進的理由，因為市場會進入超賣狀態。

　　由於價格的平衡位置會隨著股價變化而不斷移動，KDJ指標只能提示短期的偏離情況，並不指示趨勢行進方向。因此，在KDJ指標視窗中，無論行情是上升、下降還是平台震盪，我們都可以看到指標線在一個平衡位置的兩

側上下來回震盪，沒有明確的方向性。

KDJ指標的計算方法

如何將股價向平衡位置靠攏這一理念，轉化為具體的公式呢？KDJ指標是依據最高價、最低價及收盤價，來計算每個交易日的K值、D值，並將K值連成快速的K線，將D值連成慢速的D線。除此之外，KDJ指標又引入能呈現二者位置關係的J線。接下來，我們來看看KDJ指標的計算方法。

1. 計算反映多空力量對比情況的未成熟隨機值 RSV

RSV＝（今日收盤價－最近9天的最低價）÷（最近9天的最高價－最近9天的最低價）×100（注：KDJ指標一般取9日為時間週期）。

2. 計算K值、D值與J值

當日K值＝2/3×前一日K值 ＋ 1/3×當日RSV值。

當日D值＝2/3×前一日D值 ＋ 1/3×當日K值。

（注：進行平滑計算時選用3天作週期，式中的平滑因數1/3和2/3經過反覆測試選定。另外，若無前一日K值與D值，則可用平衡值50來代替。）

J值＝（3×當日K值）－（2×當日D值）。

最早的KDJ指標只有兩條線，即K線和D線，所以也稱為KD指標。隨著指標分析技術的不斷發展，後來引入輔助指標J值，其作用是反映K值和D值的乖離程度，能提前找出短期頭部或底部，提高KDJ指標的靈敏度。

KDJ極限值下的共振訊號

數值50是KDJ指標的平衡位置，慢速的D線較能反映股價偏離短期平衡位置的情況，呈現短期內市場是否進入超買超賣狀態。

一般來說，如果價格的短期上漲導致D值接近或超過80，表示市場進入超買狀態，宜逢高賣出。如果價格的短期下跌導致D值接近或低於20，表示

市場進入超賣狀態，宜逢低進場。換句話說，D值超過80是超買，低於20是超賣。

由於超買超賣訊號往往領先股價走勢，當D值超過80或低於20，但是價格短期波動幅度不大時，D值的狀態可作為提示訊號，讓我們提前做好買賣準備，個股即使短期內進入超買超賣狀態，股價走勢也不一定會馬上反轉，反而常常基於慣性作用，股價還能繼續沿原有方向行進一段時間。

圖6-21為株冶集團2018年11月至2019年5月的走勢圖。如圖中標注所示，個股在兩次短線大漲後均出現D值超過80的情況，表示個股處於超買狀態，投資者應逢高減倉以規避股價回落的風險。

值得注意的是，D值第一次超過80時，超買狀態僅是短期修正，隨後股價重回升勢並大幅上漲。可見得，KDJ指標並不能反映趨勢行進方向，投資者在實際操作中，應結合其他技術指標來分析趨勢的方向。

▌一次交叉下的共振訊號

與MACD指標的交叉形態一樣，KDJ指標也有黃金交叉與死亡交叉形態，用法也相似。不同的是，KDJ指標側重反映股價的短期偏離程度，因此，在平衡位置50附近出現的交叉形態並不是買賣訊號。下面，我們結合案例來看如何應用。

圖6-22為匯鴻集團2018年11月至2019年3月的走勢圖。KDJ指標在低位出現D線向上交叉K線的黃金交叉，且股價處於震盪中的低點，這種形態預告短期內即將出現震盪上升走勢，是短線買進訊號。

▌二次交叉下的共振訊號

圖6-23（見200頁）為北礦科技2019年2月至5月的走勢圖。在一波震盪上揚走勢中，股價雖然創出短期新高，KDJ指標卻兩度出現死亡交叉，且第二個交叉點的位置明顯低於前一個。這是典型的KDJ指標二次死亡交叉形態，其市場含義與MACD指標的二次死亡交叉基本上一致，都是賣出訊號。只不過，後者往往是趨勢轉向下行的訊號，而前者僅提示短期內的深幅修

圖6-21　株冶集團2018年11月至2019年5月走勢圖

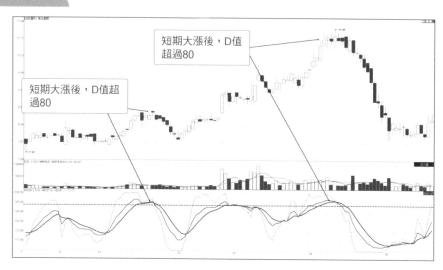

短期大漲後，D值超過80

短期大漲後，D值超過80

圖6-22　匯鴻集團2018年11月至2019年3月走勢圖

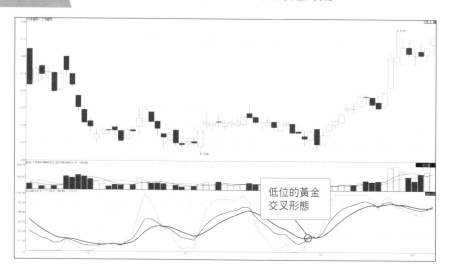

低位的黃金交叉形態

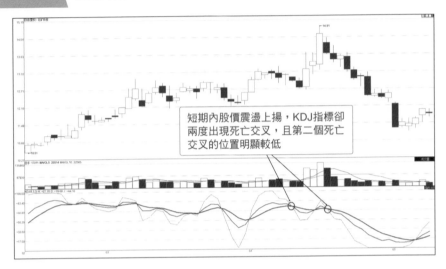

圖6-23　北礦科技2019年2月至5月走勢圖

> 短期內股價震盪上揚，KDJ指標卻兩度出現死亡交叉，且第二個死亡交叉的位置明顯較低

正。

　　要注意的是，無論是應用KDJ指標判斷超買超賣狀態，或是應用交叉形態分析買賣訊號，都要結合股價的短期波動特點做綜合分析。指標發出的買賣訊號僅僅作為提示，並非股價走向的充分條件。

　　例如，如果短期內的深幅下跌與利空有關，雖然這種走勢會導致KDJ指標發出超賣進場訊號，但是利空常常導致趨勢轉向下行，因此，KDJ指標發出的訊號並不準確，若依此展開操作，就屬於逆勢交易。

　　圖6-24為宜華生活2018年8月至2019年6月的走勢圖。圖中標注兩個黃金交叉，都出現在指標超賣區間。第一個黃金交叉是個股受大盤帶動、深幅回落所致，為市場正常交投的結果，可視作短線進場的訊號之一。第二個黃金交叉是個股利空所致，個股步入下跌趨勢，短期內因下跌而形成的黃金交叉，並不是超賣狀態下的進場訊號。

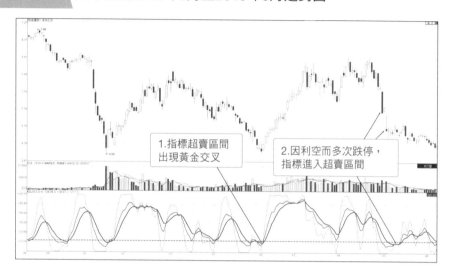

圖6-24　宜華生活2018年8月至2019年6月走勢圖

6-6 多種技術指標的共振底（頂）組合，幫你抓對波動

　　本章中，我們講解了幾種常見的技術指標，包括MA、MACD、KDJ，它們適用於不同的行情階段，有呈現大趨勢方向，有兼具中短期趨勢，也有純粹反映短期波動。

　　在分析市場情況時，雖然每一種指標發出的買賣訊號都具有一定程度的準確率，但是根據江恩波動法則，若多種指標發出相同的買賣訊號，此時提示的買賣時機無疑更加準確。本節將在前幾節的基礎上，加上江恩波動法則，來總結技術指標的共振形態。

▌KDJ黃金交叉＋柱線共振底

　　在多種技術指標的共振中，最常見的是2種指標共振，因為指標越多，在相同時間發出相同買賣訊號的機率就越低。KDJ黃金交叉與柱線就是結合2種指標的共振形態。

　　KDJ指標十分靈敏，往往領先價格而動。當KDJ指標於低位出現黃金交叉，且同期的MACD綠柱線持續縮短，就表示短期內市場進入超賣狀態，多方力量快速增強，可能出現一波強勢反彈行情。

　　圖6-25為赤峰黃金2019年1月至5月的走勢圖。個股在低位盤整之後，出現破位下跌走勢。雖然MA呈空頭排列形態，但由於個股前期累積跌幅大、破位向下的空間小，此時的空頭排列只是個股橫向震盪所導致，並非新一波跌勢展開的訊號。

　　如圖中標注所示，KDJ指標在低位出現黃金交叉，價格短期止穩並伴有

圖6-25 赤峰黃金2019年1月至5月走勢圖

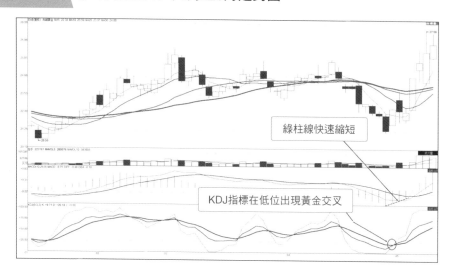

綠柱線快速縮短

KDJ指標在低位出現黃金交叉

MACD綠柱線的快速縮短，是多方力量轉強的訊號，2個指標都發出買進訊號並形成共振，預告反彈行情有望展開。

KDJ領先三黃金交叉共振底

黃金交叉是MA、MACD、KDJ指標中常見的買進訊號。KDJ領先三黃金交叉共振底是指，靈敏的KDJ指標於低位率先出現黃金交叉，隨後MACD與MA出現黃金交叉（注：就短期走勢來說，MA的黃金交叉是指短期均線MA5向上交叉MA10）。3個指標在相近的時間裡先後發出買進訊號，形成共振底，表示走勢反彈上漲的機率大。

圖6-26（見下頁）為金陵飯店2018年9月至2019年3月的走勢圖。個股在一波深幅回落走勢後，出現KDJ低位黃金交叉、MACD黃金交叉、MA黃金交叉的三黃金交叉組合形態，形成共振底，這也預告一波強勢反彈行情即將展開。

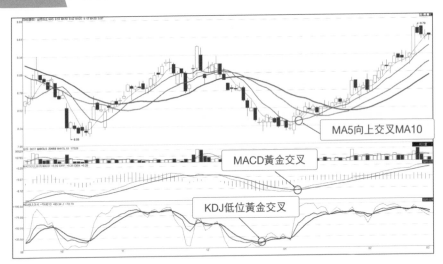

圖6-26　金陵飯店2018年9月至2019年3月走勢圖

（圖中標註）
MA5向上交叉MA10
MACD黃金交叉
KDJ低位黃金交叉

雙黃金交叉＋KDJ黃金交叉＋黏合點共振底

　　這是結合MACD雙黃金交叉、KDJ黃金交叉與MA黏合形態的共振組合。在中長期的低位，MACD指標的雙黃金交叉是趨勢轉向上行的訊號，因此這種共振組合通常預告，一波大幅度的上升行情即將展開。

　　圖6-27為文山電力2018年11月至2019年3月的走勢圖。在低位的震盪走勢中，MACD指標二度出現黃金交叉，此後指標線突破0軸，是升勢即將出現的訊號。期間，KDJ指標出現低位黃金交叉，在短期波動中表示股價有反彈空間。

　　同時，長期震盪使多空力量趨於平衡，連續陽線突破MA黏合區間，是趨勢方向選定的訊號。3種指標形成共振，其中兩種為趨勢性訊號，預告大規模的上漲走勢即將展開，投資者應買進佈局。

KDJ領先三死亡交叉共振頂

　　死亡交叉是MA、MACD、KDJ指標中常見的賣出訊號。KDJ領先三死

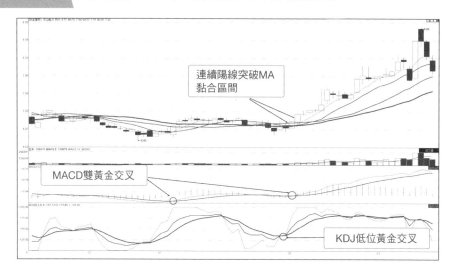

圖6-27　文山電力2018年11月至2019年3月走勢圖

亡交叉共振頂是指，靈敏的KDJ指標於高位率先出現死亡交叉，隨後MACD
與MA出現死亡交叉（注：就短期走勢來說，MA的死亡交叉是指短期均線
MA5向下交叉MA10）。當3個指標在相近的時間先後發出賣出訊號，形成
共振，表示破位下跌行情出現的機率較大。

圖6-28（見下頁）為四創電子2019年2月至5月的走勢圖。個股在中短期
大漲後的高點橫向盤整，期間出現KDJ指標高位死亡交叉、MACD死亡交
叉、MA死亡交叉的三死亡交叉組合，形成共振頂，預告破位下跌走勢即將
展開。

股價偏離＋柱線＋超買共振頂

這種組合是指，股價短期上漲遠離MA5均線，MACD紅柱線縮短，或達
到高峰後無法進一步放大，且KDJ指標進入短期超買區間。這3種形態均為
短線賣出的訊號，但如果個股的中短期漲幅較大，可能因共振作用引發趨勢
反轉，並造成中短期的巨幅下跌。

圖6-29（見下頁）為航民股份2019年2月至5月的走勢圖。個股在中短期

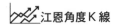

圖6-28 四創電子2019年2月至5月走勢圖

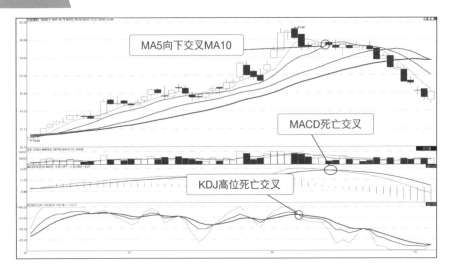

圖6-29 航民股份2019年2月至5月走勢圖

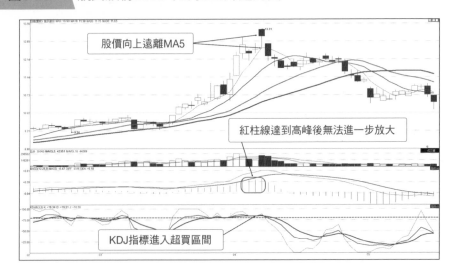

圖6-30　　　九州通2019年2月至5月走勢圖

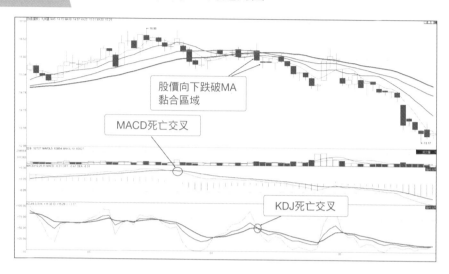

大漲後的高點，股價向上遠離MA5，紅柱線達到近一年的高峰且無法放大，KDJ指標進入超買區間，此組合形成高點共振，預告股價即將反轉下行。

MACD死亡交叉＋KDJ死亡交叉＋黏合點共振頂

這種組合是指，MACD指標與KDJ指標出現死亡交叉，同期的MA相互黏合且被跌破。這是兩個短期回落訊號，加上一個趨勢轉向下行的訊號，預告隨後的中短期下跌幅度可能較大，是賣出訊號。

圖6-30為九州通2019年2月至5月的走勢圖。在相對高位長期橫向盤整之後，個股出現這種共振組合形態，是一波大幅下跌走勢即將展開的訊號。

第 7 章

用回檔法則算準買賣時機，波段價差賺飽飽

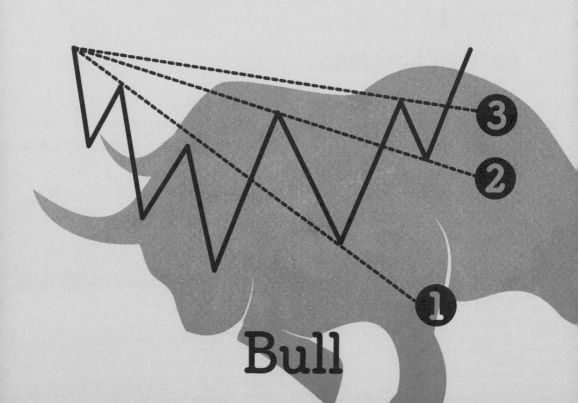

Bull

7-1
計算股價回檔幅度，
標示出走勢轉向的關鍵點位

在江恩理論當中，回檔法則與壓力位、支撐位的研判，是闡述相對明確的技術分析法，而且運用上比較簡單，適合實際操作。

回檔法則指出，當股價的回檔幅度達到特定比例的時候，可能會遇到支撐或壓力；這幾個回檔比例所標示的價位，就是股價走勢轉向的關鍵位置，無論是制訂中長線交易策略，或是做短線波段操作，這些價位都是重要的參考依據。

在本章中，我們要從江恩對回檔法則的闡述，來看如何把握大波動的高低點。

▌趨勢理論中的「回檔」

在趨勢理論中，回檔是指上升趨勢中的次級回檔，即回落下跌，也是指下跌趨勢中的次級反彈，即反彈上漲。回檔是對主要趨勢的反方向修正，它打斷原有主要趨勢的行進節奏，是暫時性的反向運動，但持續時間往往可達數週。

由於次級回檔走勢破壞原有的趨勢行進形態，會讓投資者在分析時感到困惑，特別是有「逃頂抄底」思維習慣的投資者，常會將回檔走勢與趨勢反轉聯想在一起，進而做出錯誤的交易決策。

在短線交易中，人們更注重短期的價格波動與多空力量轉變，趨勢的行進形態就不是那麼重要。但是，對中長線投資者來說，若混淆次級回檔與趨勢反轉，會產生嚴重的後果。

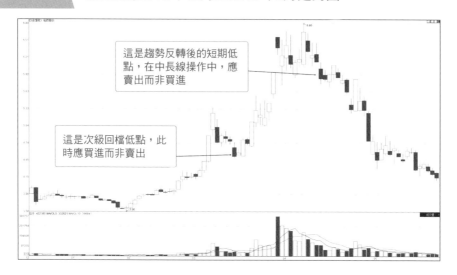

圖7-1　　哈藥股份2018年12月至2019年5月走勢圖

例如，在上升趨勢中，誤將回檔下跌看作趨勢反轉，於是在階段性低點賣出；承受踏空的煎熬後，又在高位追漲買進，如果此時趨勢正好反轉，再次失誤將反轉當成回檔，不僅導致獲利盡失，甚至使本金嚴重虧損。

圖7-1為哈藥股份2018年12月至2019年5月的走勢圖。圖中標注2個明顯的短期回落低點，第一個是回檔低點，如果誤將其當作趨勢快速反轉的訊號，而在中短線賣出，將會踏空。

第二個則是反轉低點，如果誤將其當作次級回檔低點，而在中長線逢低買進，將會被套牢於頭部，損失慘重。

回檔法則中的「回檔」

次級回檔走勢的重要性毋庸置疑，結合上述內容，我們能準確區分次級回檔與趨勢反轉。但是，要如何確切把握回檔低點呢？

對此，江恩的回檔法則提出指示，「回檔」並非單純意義上的次級回檔，它可能與主要趨勢的方向一致，也可能相反。回檔法則是在一個較大趨勢出現之後，參照這個趨勢的高低點，預測個股隨後可能遇到的支撐位或壓

力位。

參照的高低點會隨著價格波動同步調整,例如,一波持續上漲使股價從10元漲至20元,此時低點為10元,高點為20元;隨後出現深幅回落,股價從20元跌至15元,此時高點為20元,低點為15元。

小級別的短線波動因為沒有明顯的大波段特徵,不能成為回檔法則的高低參照點。

4個重要的回檔價位

江恩在闡述回檔法則時寫道:「只要這些修正或反彈處於主要趨勢,就可以在從高位下跌50%時買進,或是在從低位反彈50%時賣出,並用其它的比例來確定壓力位和買賣點。」

這些比例當中,最重要的是50%、33%、63%(編按:另有一說法為66%)和75%,尤其以50%最常用。

舉例來說,個股股價從最低點5元上漲至10元後轉向下行,這一波上漲走勢的低點為5元,高點為10元,價格空間為10元-5元=5元,以50%計算,就是2.5元。低點5元+價格空間的50%=7.5元,即股價在回落至7.5元時,將遇到較強支撐,出現反彈上漲的機率較大。

假設股價在7.5元開始反彈上漲,之前一波深幅回落走勢的高低點將成為新的計算依據,高點為10元,低點為7.5元,價格空間為10元-7.5元=2.5元,2.5元的50%為1.25元。股價反彈至8.75元(即7.5元+1.25元=8.75元)時,將遇到較強壓力,個股轉向下行的機率較大。

除了50%這個比例之外,63%、75%也十分重要。江恩認為,價格運動中,不論是上升或下降,在50%的價位經常出現回檔,如果沒有,在63%的價位就會出現回檔。

當然,價格運動很難確定具體的百分比數值,我們在預測及操作時應該留有餘地,實際的價位也許高於50%,也許低於50%。

我們對江恩回檔法則的基本內容總結如下。

（1）33％與63％接近黃金分割率，是較重要的回檔價位。

（2）50％是最重要的回檔價位。

（3）如果價格在運動過程中直接穿過50％的回檔價位，下一個回檔將出現在63％的價位。

（4）如果價格在運動過程中直接穿過63％的回檔價位，下一個回檔將出現在75％的價位。

（5）如果價格在運動過程中直接穿過75％的回檔價位，下一個回檔將出現在100％的價位。

（6）支撐位和壓力位較有可能出現在50％、63％、75％和100％這幾個重要的回檔價位上。

（7）在一些極端狀況中，價格的上升或下跌很可能會突破100％的回檔價位。

選取高低點的方法

運用回檔法則時，正確選取參照的高低點至關重要。方法是，在一波大的上升行情（或下跌行情）中，選擇從啟動至轉向過程的顯著高低點為參照。顯著高低點不是指股價的最高點與最低點，而是基於這一波行情的形態特徵去選取。

比如說，如果出現長期橫向震盪走勢，就無須劃入此波行情範圍內，因此選取的高低點與這些趨勢不明的長期震盪無關。接下來，我們結合實例加以說明。

圖7-2（見下頁）為中信國安2018年8月至2019年5月的走勢圖。對於圖中標注的上升行情A，在運用回檔法則計算回檔價位時，選取的高點是很明顯的7.08元，但低點應為3.16元，而不是低位震盪區的低點2.76元，因為它出現在前期的橫向震盪走勢中，與上升行情A不具有連貫性。

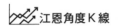

| 圖7-2 | 中信國安2018年8月至2019年5月走勢圖 |

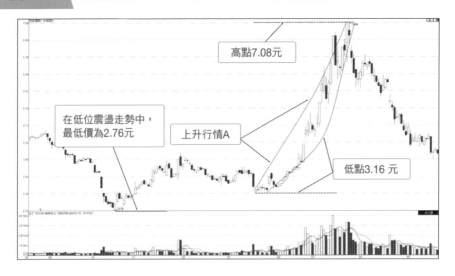

7-2

50%是最重要的回檔價位,你能立刻找出買賣點

　　前一節講解江恩回檔法則的具體內容與運用方法,本節將結合具體實例,看看如何將回檔法則運用在實戰中。

▌緩慢下行的50%買進法

　　圖7-3(見下頁)為精測電子2018年12月至2019年7月的走勢圖。在前期大幅上升行情中,股價最低點為27.13元,最高點為59.90元,價格空間為59.90元－27.13元＝32.77元,50%的回檔價位為16.39元＋27.13元＝43.52元。

　　如圖中標注所示,個股在持續回落至43.52元附近時,先是跌破50%價位,隨後再回升,出現連續多日的強勢橫向盤整。這種局部走勢表示多空力量開始趨於平衡,再結合50%回檔價位的重要支撐作用,研判短線風險較小、中線出現大幅反彈的機率較大,可以試探性買進。

▌二次回探的50%買進法

　　二次回探的50%買進法將股價走勢中常見的二次探底形態,與江恩回檔法則做結合。個股在回檔至重要價位時,因為有沿著原方向行進的動力,回檔走勢不能一觸而發,而是會經過二度確認。這個二度確認的過程,在下跌走勢中是二次下探,在上漲走勢中則是二次上探。

　　圖7-4(見下頁)為盛達資源2018年9月至2019年6月的走勢圖。在前期

圖7-3 　精測電子2018年12月至2019年7月走勢圖

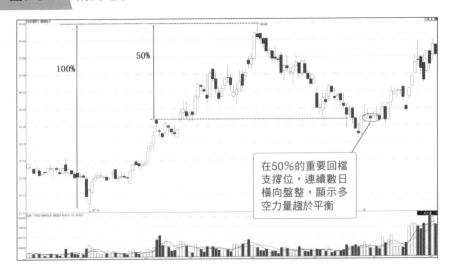

在50%的重要回檔
支撐位，連續數日
橫向盤整，顯示多
空力量趨於平衡

圖7-4 　盛達資源2018年9月至2019年6月走勢圖

二次回探50%回檔
支撐位

| 圖7-5 | 正裕工業2019年1月至5月走勢圖 |

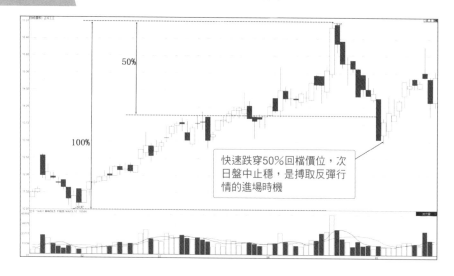

上升趨勢中，低點為6.51元，高點為12.47元，價格空間為12.47元－6.51元＝5.96元，50％的回檔價位是6.51元＋2.98元＝9.49元。

　　圖中已標注50％的回檔價位，個股在這裡出現明顯的二度回落。第一次快速下跌至此價位時，由於短期跌速較快，支撐位被跌破，隨後經過二次回探，多空力量強弱對比明顯轉變，此價位的支撐作用進一步增強，因此是相對明確且安全的中短線抄底進場時機。

急速下跌的50％買進法

　　如果急速、深幅的下跌走勢不是因為個股發生重大利空，也不是被股市整體急速下跌帶動，那麼在50％回檔價位往往會發生強勢反彈，次日的盤中回落就是搏取反彈行情的進場時機。

　　圖7-5為正裕工業2019年1月至5月的走勢圖。在前期上漲走勢中，低點為10.97元，高點為17.01元，價格空間為17.01元－10.97元＝6.04元，50％的回檔價位為10.97＋3.02＝13.99元。自高點開始，個股受大盤震盪影響，出現急速下跌走勢，這與同期的「次新股」走勢較弱有關，是股市局部結構調

整的結果（編按：次新股為中國股市的特有概念，一般指已上市一段時間，但未超過一年的個股）。

關於在圖中標注的50%回檔價位，個股當日收於長陰線，使這個強支撐位在盤中被快速跌破。結合短期走勢來看，個股跌幅巨大且跌速較快，然而50%回檔價位是短期內的重要支撐位，所以在恐慌情緒減弱後，有可能引發強勢反彈。次日盤中止穩，是短線搏取反彈行情的買進時機。

值得注意的是，在這種急速下跌走勢中，雖然容易出現強勢反彈行情，但支撐位的作用被大大減弱，特別是在大盤走勢無法止穩的情況下。因此，在搏取反彈行情時，投資者應控制好持股部位，並設定停損點，一旦個股隨後的走勢不符預期，就應果斷停損出場。

▌回檔上漲的50%賣出法

在趨勢觸底反轉或出現反彈行情的過程中，參照前期高點和此波上漲低點，當價格上漲至50%回檔價位，再度深幅下跌的機率比較大，應逢高賣出。

圖7-6為新泉股份2017年9月至2018年5月的走勢圖。在前期大幅下跌走勢中，高點為37.36元，低點為20.22元，價格空間為37.36元－20.22元＝17.14元，50%回檔價位為20.22元＋8.57元＝28.79元。

圖中標注了這個回檔價位，可以看到隨著行情觸底回升，個股開始穩健上揚，打破原有的下跌趨勢，但在上升至50%回檔價位後，上漲走勢結束，個股出現大幅度震盪。

股市獲利方式是以低買高賣為主，就是先在相對低位買進，然後在相對高位賣出，因此用回檔法則進行賣出操作，只適合已持股的中長線投資者。這些持股者在經歷大幅下跌行情後，多處於深度被套牢狀態，可以利用回檔法則把握逢高賣出的時機，為隨後逢低買進預留資金。

圖7-6　新泉股份2017年9月至2018年5月走勢圖

7-3
升勢的次級回檔支撐是33%，轉成跌勢時支撐是多少？

　　江恩回檔法則中，33％與63％回檔價位不但相差幅度較大，適用範圍也不相同，一個用於升勢中的次級回檔，一個用於新一波跌勢形成之後。

　　當個股累積漲幅或短期漲幅較大，33％回檔價位的支撐性較弱，並不適用。當個股走勢相對穩健且累積漲幅不大時，33％回檔價位可以作為升勢回檔的低點加碼參照。

　　63％回檔價位，常用於個股累積漲幅較大、趨勢轉向下行的情況。當個股處於一波大幅下跌行情時，63％回檔價位是此波跌勢的重要底部支撐之一，也會成為隨後新一波上漲行情的啟動點，或大反彈行情的低點。

▌升勢盤整33％支撐位買進法

　　33％回檔價位一般適用於升勢中的回檔盤整階段，即趨勢未反轉且出現回落走勢的情況。如果累積上漲幅度不夠大，股價仍處於中長期的相對低位，在基本面未明顯偏離，且大盤走勢看好的情況下，此時的回落走勢往往只是次級回檔波段，個股仍有再度步入升勢，並創出新高的可能。

　　在此前提下，當價格回檔到33％回檔價位，會遇到較強的支撐，實際操作中可以結合個股的走勢，在此價位附近把握進場時機。

　　圖7-7為高鴻股份2018年10月至2019年1月的走勢圖。在前期上升行情中，低點為3.22元，高點為5.21元，價格空間為1.99元；33％回檔價位為1.99元×0.33＝0.66元，5.21元－0.66元＝4.55元。

　　如圖所示，個股雖經歷一波上升行情，但累積漲幅不是很大，而且從中

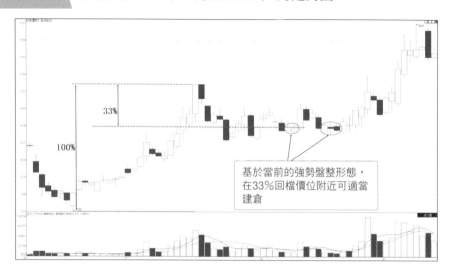

圖7-7　高鴻股份2018年10月至2019年1月走勢圖

長期來看，股價仍處於相對低位，結合前期的穩健上揚及相對強勢的行進特徵，後期有望重拾升勢並突破5.21元。基於這樣的判斷，33％這個價位就是回檔後的逢低進場時機。

可以看到，個股隨後在此價位持續橫向盤整，沒有破位下行的跡象，在實際操作中可以適當建倉買進，因為個股隨後突破上行的機率較大。

強勢沖高直接回撤33％買進法

持續上漲且累積漲幅較大的個股，如果在高位再度出現快速飆升，則可能在頭部出現震盪走勢。一般來說，個股在高位快速飆升後，若在最高點附近不做任何停留，股價在數日內直接回測此波上升幅度的33％，則隨後反彈上漲、二次上探的機率較大。

在實際操作中，這是在高位搏取反彈行情的操作，風險較大，因此投資者在參與時應把握3個條件。

（1）個股短期飆升後未在高位停留，且在快速下跌中未伴隨量能放大。這個條件確保在高點出貨的數量較少，個股隨後有二次上探的動力。

（2）個股當前的快速下跌並非利空所致，只是因為部分獲利盤出場。這個條件可以為個股的快速回落走勢定調，對於利空所導致的快速下跌來說，回落幅度一般不只有33％。

（3）只宜輕倉參與，且設定好停損點，停損賣出的價位不宜超過持有成本的3％。這是在高位搏取反彈行情的操作，從中長線的角度來看，該股不可能長期持有，只有輕倉參與且設好停損點，才能充分發揮技術分析優勢。

圖7-8為天山股份2018年11月至2019年5月的走勢圖。在前期一波大規模上漲行情中，低點為6.56元，高點為13.18元，價格空間為13.18元－6.56元＝6.62元。結合同期大盤走勢來看，這個漲幅極大，有隨時見頂的可能。33％的回檔價位為6.62元×0.33元＝2.18元，13.18元－2.18元＝11.00元。

從走勢可以看到，個股的強勢特徵十分明顯，特別是高位的一波飆升走勢，但個股沒有在高點停留，股價快速跌至33％回檔價位，是可以短線輕倉參與反彈行情的進場點。在個股隨後二次上探高點時，投資者應及時獲利出場，鎖定反彈獲利。

▌長陰線後回探63％買進法

當個股下跌至63％回檔價位附近時，如果出現長陰線，代表短期內空方力量依舊占據主動地位，投資者不宜盲目抄底，而應耐心等待次日或隨後一兩日盤中止穩，股價再度回探63％支撐位，此時買進的風險較小。

圖7-9為標準股份2019年1月至5月的走勢圖。在前期上漲行情中，低點為4.04元，高點為7.00元，價格空間為7.00元－4.04元＝2.96元。63％的回檔價位為2.96元×0.63％＝1.87元，7.00元－1.87元＝5.13元。個股在快速下跌的過程中直接跌破50％回檔價位，期間沒有止穩，於是63％回檔價位是下一個關注重點。

如圖中標注所示，個股以一根長陰線向下觸及63％回檔價位，但是當日沒有止穩，並非最佳的抄底進場時機。次日個股明顯開高，表示短期內多空力量強弱對比即將改變，當日個股再度下探時，是短期掌握反彈行情的進場時機。

圖7-8　天山股份2018年11月至2019年5月走勢圖

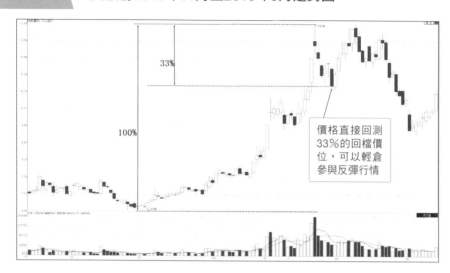

圖7-9　標準股份2019年1月至5月走勢圖

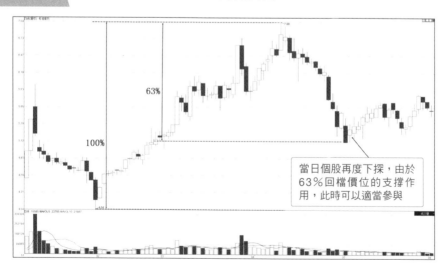

圖7-10 五礦稀土2019年1月至5月走勢圖

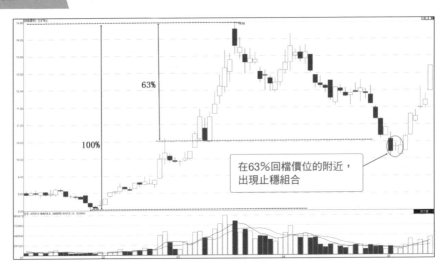

63%

100%

在63%回檔價位的附近，
出現止穩組合

跌穿63%的止穩組合買進法

個股在短期下跌的過程中，若跌破63%回檔價位，不代表此位置的支撐作用失效。應耐心觀察幾日，如果出現明顯的止穩組合（主要以3根K線組合呈現），則表示63%回檔價位有效，個股有望迎來一波強勢反彈。

圖7-10為五礦稀土2019年1月至5月的走勢圖。在前期一波持續上漲行情中，低點為8.20元，高點為14.86元，價格空間為14.86元－8.20元＝6.66元。63%回檔價位為6.66元×0.63元＝4.20元，14.86元－4.20元＝10.66元。

如圖中標注所示，個股在短期快速跌破63%支撐位之後，出現止穩的K線組合：左側為帶有上下影線的陰線，表示空方雖然占據主導地位，但多方在盤中抵擋；次日的十字星是多空力量轉向平衡的訊號；第3日開低走高的小陽線則顯示多方推動意願較強。

再加上個股正處於63%回檔支撐位附近，可以預測一波反彈行情將展開。在實際操作中，投資者可以適當抄底買進。

7-4
深幅下跌時，75％和100％回檔價位的支撐力強

　　75％與100％回檔價位，是深幅下跌走勢中的支撐位。由於下跌較充分，當它們形成有效支撐時，往往預告較大的反彈行情即將展開。

多日止穩型75％買進法

　　股價深幅回落至75％回檔價位附近之後，若連續多日橫向小幅盤整，止穩不下跌，就表示75％價位開始發揮支撐作用，有望展開反彈行情。

　　圖7-11（見下頁）為複星醫藥2018年12月至2019年7月的走勢圖。在前一波上升趨勢中，低點為20.29元，高點為31.93元，50％回檔價位為26.11元，75％回檔價位為23.20元。

　　可以看到，股價回檔至50％價位時有明顯的短期止穩特徵，但在連續兩日小陽線試圖反彈的過程中，出現一根長陰線，表示短期賣壓依然沉重，50％回檔價位有可能被跌破。在實際操作中，若此時正參與搏取反彈行情，要暫時賣出觀望，等到出現相對明確的短線反彈訊號再進場。

　　隨後，股價繼續破位向下，跌勢較快，直接跌破63％、75％這2個回檔價位。對於這種急速、深幅的下跌走勢，除了參照江恩回檔法則，也要結合短期的多空形態來操作。

　　在75％回檔價位被長陰線跌破後，股價開始止穩回升，連續幾日在此價位附近呈現相對強勢的橫向盤整。此時的短期反彈幅度很小，再加上75％是重要回檔支撐位，因此預測一波大幅度的反彈行情正在醞釀，投資者可以適當抄底進場。

圖7-11　　複星醫藥2018年12月至2019年7月走勢圖

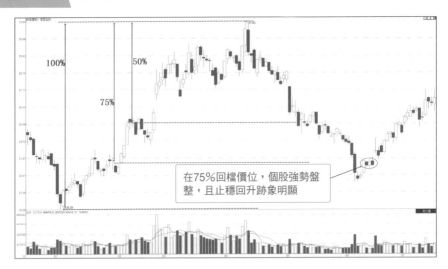

雙針下探75％買進法

雙針下探75％買進法是雙針下探的K線組合加上江恩回檔法則，同樣適用於其他回檔價位，例如33％、50％、63％。

如果個股於75％回檔價位附近，在相隔數日之內出現2次長下影線，就是雙針下探組合，顯示此位置的多方承接力道較強。再加上75％回檔價位的強支撐作用，可預測反彈或反轉行情有望展開，是買進訊號。

圖7-12為奧翔藥業2018年12月至2019年9月的走勢圖。在前一波上升行情中，低點為10.51元，高點為16.43元，價格空間為16.43元－10.51元＝5.92元。75％回檔價位為5.92元×0.75元＝4.44元，16.43元－4.44元＝11.99元。

如圖所示，在回落至75％回檔價位之後，個股先是出現一波震盪緩升走勢，在63％回檔價位附近遇到壓力再度下跌。隨後，當股價又接近75％回檔價位時，出現雙針下探的K線組合，表示此位置再度成為重要支撐位。結合前期的第一次下探，此時的二次下探有望形成W底形態。在實際操作中，可以買股佈局。

圖7-12 奧翔藥業2018年12月至2019年9月走勢圖

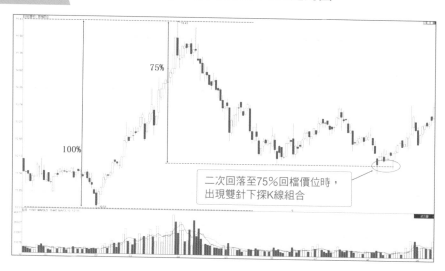

75%

100%

二次回落至75%回檔價位時，
出現雙針下探K線組合

跌停止穩後100％買進法

跌停板是空方優勢明顯、多方無力反擊的標誌之一。一般來說，跌停板出現後，個股在中短期內仍有一定的下行空間，因此若個股在75％回檔價位出現跌停板，表示此位置的支撐作用不夠強，即使能短暫止穩，出現強勢反彈的機率也較小。在實際操作中，應關注下一個回檔價位。

圖7-13（見下頁）為中鼎股份2018年12月至2019年7月的走勢圖。在前期的一波上升行情中，低點為9.08元，高點為13.62元，價格空間為13.62元－9.08元＝4.54元。75％回檔價位為4.54元×0.75元＝3.41元，13.62元－3.41元＝10.21元。

個股在75％回檔價位出現一個帶有跳空缺口的跌停板，因此在這個價位出現強勢反彈的機率較小，要再向下尋找強勢支撐位，即100％回檔價位。

在隨後的反彈行情中，原有的75％回檔價位將轉變成壓力位。在實際操作中，當股價反彈至此價位時，應減倉或清倉以鎖定獲利，因為100％回檔價位形成支撐後，不代表趨勢將反轉上行，此時的上漲波段可能只是一波中等幅度的反彈行情。

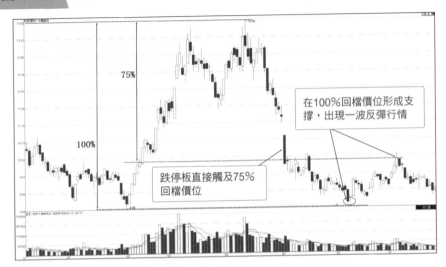

圖7-13 中鼎股份2018年12月至2019年7月走勢圖

圖中標註：
75%
100%

在100%回檔價位形成支撐，出現一波反彈行情

跌停板直接觸及75%回檔價位

回檔價位運用方法總結

透過本章的實例解讀，可以看出上述4個回檔價位的重要性。它們可以作為中短線操作的指示，但在運用上要結合個股的走勢來判斷，並且注意以下要點。

1. 控制倉位

利用回檔價位買股只是一種預測，既然是預測，就有出錯的時候，因此在使用時要事先設好停損點，且停損點不宜距離進場價過遠。而且，對於50%、63%、75%、100%這幾個回檔價位來說，買進操作經常是在獲取中短線反彈行情，不是真正的順勢操作。所以，在短線獲利的情況下，一般不該追加買進；在中短期反彈幅度較大時，更應減倉出場，以鎖定獲利。

2. 注意回檔的性質

很多投資者在應用回檔法則時，認為照著做就能在升勢的回檔低點加碼，其實並非如此。回檔法則中的回檔是指價格的回落，至於回落的性質究

竟是升勢中的短暫回檔，或是趨勢反轉後的持續下跌，並沒有明確界定，投資者應結合個股具體走勢來判斷。

3. 預判反彈力道

預測到反彈行情後，才能在回檔價位買進。一般來說，個股的前期上漲行情力道越強、走勢獨立特徵越明顯，則回落至回檔價位時出現的反彈行情力道就越大。對於那些走勢隨大盤、獨立性不強的個股，這些價位雖然也有支撐作用，但反彈行情力道往往較弱。

4. 注意趨勢的轉變

在回檔法則中，100％是最大的回檔價位，但這不代表個股跌破100％回檔價位後，就不會再下跌。因為此時的趨勢已完全轉變，個股仍有可能繼續下跌，我們應結合個股的基本面、估值情況、市場環境等因素，來分析跌勢是否將持續。100％回檔價位只可視為一個支撐位，而不是底部。

第 **8** 章

結合分時圖與角度線，
你也能成為短線高手！

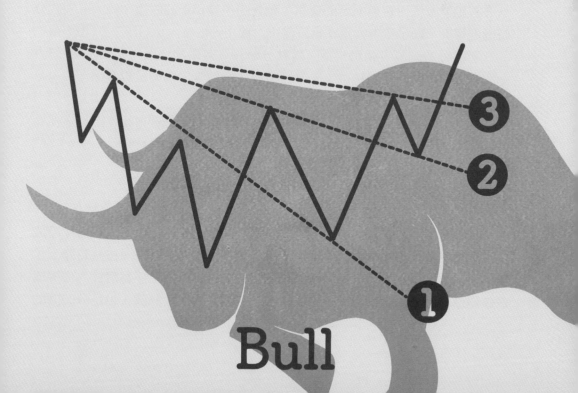

Bull

8-1 從3方面觀察分時圖，研判多空力量的交鋒與趨勢

分時圖（又稱即時走勢圖）在短線交易中是技術分析的重要依據。相較於K線圖與成交量，分時圖的即時性更強，而且分時線的行進軌跡、分時量能的變化等盤面資訊，都為我們展示多空力量的變化情況。

由於這些變化往往是在轉眼之間發生，因此只有善於解讀分時圖提供的盤面資訊，才更有利於實施短線交易。本章以分時圖技術要點、經典漲跌分時圖形態等內容為基礎，結合江恩角度線理論，來看看如何實際運用。

漲跌分時圖分為看漲分時圖與看跌分時圖。看漲分時圖，顧名思義，蘊含多方動能較強、買盤充足的資訊，預告隨後幾日上漲的機率較大。看跌分時圖則相反，顯示空方力量在當日盤中占據主動地位，是短線下跌訊號。

看漲分時圖具有強勢特徵，看跌分時圖具有弱勢特徵。我們主要從3方面來考查這些強、弱勢特徵：一是分時線與均價線之間的位置關係，二是分時線及量能的形態特徵，三是分時線行進的連續性。

另外值得注意的是，分時圖反映當日的多空力量強弱對比，至於這種局面能否延續下去，則要結合局部的K線走勢與量能形態來分析。

▎均價線的支撐作用

均價線就是分時圖中的成本曲線，呈現當日進場投資者的平均持股成本。股價與MA之間的位置關係能反映短期的多空力量格局，在分時圖上，這個規則也同樣有效。如果股價在均價線上方穩健行進，不黏附於均價線或跌破均價線，就代表當日的買盤力道較強，是短線上漲訊號，也是分時圖的

圖8-1　陽光城2019年10月9日分時圖

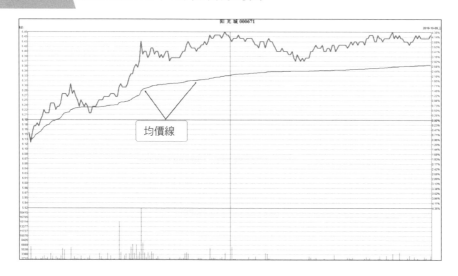

一種典型強勢特徵。

　　圖8-1為陽光城2019年10月9日的分時圖。可以看到分時線穩健行進在均價線上方，且始終與均價線保持一定距離，是多方力量在當日占據主動地位的標誌。

▍均價線的壓制作用

　　如果股價持續行進在均價線下方，則均價線將對股價走勢產生壓制作用，是盤面典型的弱勢特徵。這類個股易跌難漲，特別是處於短期高點或盤整後的破位點，往往預告隨後幾日的下跌走勢。

　　圖8-2（見235頁）為泰禾集團2019年7月5日的分時圖。個股當日大幅跳空開低，早盤的走勢大跌，分時線長時間位於均價線下方。弱勢的盤面特徵顯示個股難以開低走高，盤中再度跳水的機率較大。在實際操作中，應果斷賣股出場（編按：中國股市的交易時間分為上午9:30～11:30的早盤階段，以及下午13:00～15:00的午盤階段）。

流暢的盤面上沖形態

個股的短期強勢上揚與主力資金的積極參與密切相關。主力的買進行為不同於普通投資者，特別是在個股開始拉升的階段，其連續大筆的買進手法顯出強勁實力，且形成一種典型的盤面特徵：分時線上揚流暢挺拔，伴隨分時量明顯放大。

若個股在盤中出現這種盤面形態，且能站穩於盤中上沖後的高點，就代表多方力量強勁，市場逢高賣壓不重，是分時圖的一種強勢特徵。

圖8-3為西藏珠峰2019年2月25日的分時圖。個股在盤中出現明顯且流暢的上揚波段，期間量能放大，股價也站穩於盤中高點，是主力資金進場的訊號，如果個股短期漲幅不大，或處於中短期深幅下跌後的低點，此種分時圖形態預告強勢反彈行情即將出現。

盤面的放量跳水形態

放量跳水是典型的盤面弱勢特徵，表示賣壓十分沉重，賣盤集中湧出，往往與主力資金的出貨行為有關。如果個股的中短期漲幅較大，獲利賣壓沒有得到充分釋放，此時的放量跳水形態大多預告短期下跌走勢即將展開。

圖8-4（見236頁）為華新水泥2019年9月5日的分時圖。個股開盤後快速沖高，但未能在高位站穩，隨後出現兩次放量跳水形態。加上當日正處於短期大漲後的高點，研判早盤的放量跳水是隨後深幅回落的訊號，應逢高減倉以規避風險。

強勢盤面的高占比

除了關注分時線與均價線的位置關係、分時線與量能的形態特徵這幾點之外，我們還要注意盤面強勢與弱勢特徵的持續時間比。強勢特徵持續時間較長，表示多方力量占優勢；弱勢特徵持續時間較長，表示空方力量占優勢。

圖8-2　泰禾集團2019年7月5日分時圖

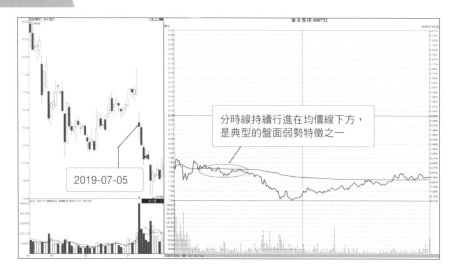

分時線持續行進在均價線下方，
是典型的盤面弱勢特徵之一

2019-07-05

圖8-3　西藏珠峰2019年2月25日分時圖

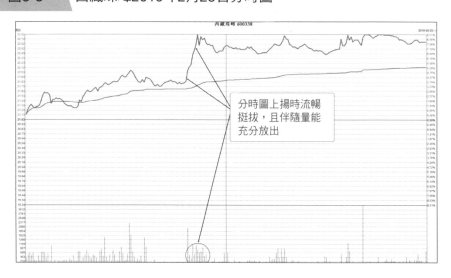

分時圖上揚時流暢
挺拔，且伴隨量能
充分放出

圖8-4　華新水泥2019年9月5日分時圖

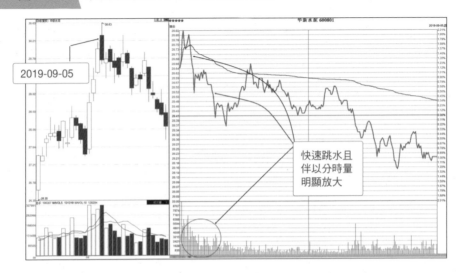

此外，還有一種很常見的情況：個股在盤中既有明顯的強勢特徵，也有明顯的弱勢特徵。這是因為盤中波動幅度較大，強勢與弱勢特徵頻繁轉換，在多空力量快速轉變的過程中，股價走勢的不確定性也比較大。

先強後弱的盤面格局代表空方力量開始占優勢，是下跌訊號；先弱後強的格局則代表多方力量開始占優勢，是上漲訊號。至於股價圍繞均價線大幅度波動的形態，可看作是多空交鋒激烈、雙方優勢均不明顯，要結合股價走勢來分析。以下結合案例，看看如何分析複雜盤面形態蘊含的多空資訊。

圖8-5為匯嘉時代2019年11月14日的分時圖。個股先跌後漲，早盤股價長時間處於均價線的壓制之下，是典型的弱勢盤面特徵。雖然午盤後出現流暢的放量上揚形態，但個股無法站穩於盤中高點。收盤前，個股放量跳水，表示賣壓十分沉重。

可以說，股價上揚沒有導致當日的多空力量強弱對比出現轉變，最終空方力量仍舊占據主動地位，個股在日K線圖中也處於短線高點，有回檔整理的需要。綜合來看，此分時圖具有下跌含義，個股隨後幾日出現回落的機率較大。

圖8-5 匯嘉時代2019年11月14日分時圖

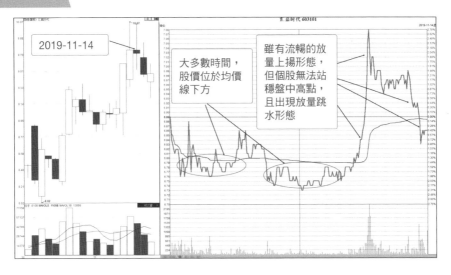

2019-11-14

大多數時間，股價位於均價線下方

雖有流暢的放量上揚形態，但個股無法站穩盤中高點，且出現放量跳水形態

解讀典型的分時圖形態，
預測股價波動方向

本節講解經典的分時圖形態。從短期來看，可用來預測股價隨後幾日的波動方向，從中期來看，可以結合其他指標（如K線、成交量、MACD指標等），預判大波段行情。

由強轉弱的盤面形態

盤中的多空力量強弱對比經常快速轉變。由強轉弱是指，個股在盤中出現明顯的上揚走勢（可以是開平走高，也可以是開低走高），但無法站穩於高點；隨後出現跳水形態或持續緩慢下行，從而跌破均價線；在收盤前，這種弱勢的盤面特徵沒有改變，最後收盤價接近當日最低價。當由強轉弱的盤面形態，出現在短期高點或盤整區的上沿位置，往往預告個股將轉向下行。

圖8-6為泰禾集團2019年7月4日的走勢圖。個股在早盤階段強勢上揚，分時線呈流暢挺拔的上沖形態，伴隨分時量放大，是典型的強勢盤面特徵。但是，個股隨後的走勢完全轉變，股價持續回落，跌破均價線之後也無力反彈。這是由強轉弱的盤面形態，加上當日個股處於短期上揚後的高點，可預測一波深幅回落走勢即將展開。

由弱轉強的階段反轉

由弱轉強是指，個股在盤中出現明顯的下跌走勢（可以是開平走低，也可以是開高走低），在均價線下方行進一段時間後，走勢再度轉強，並向上

圖8-6	泰禾集團2019年7月4日走勢圖

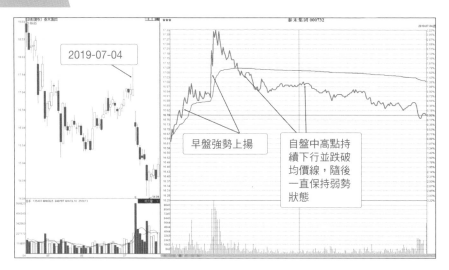

突破均價線，這種強勢的盤面特徵延續到收盤，收盤價接近當日最高價。當由弱轉強的盤面形態，出現在短期低點或盤整區下沿位置，往往預告個股即將轉向上行。

圖8-7（見下頁）為冀東水泥2019年11月12日的分時圖。個股在早盤階段長時間行進於均價線下方，雖然小幅上漲，但仍屬於弱勢的盤面特徵。隨後，盤面轉為強勢，股價向上突破均價線，穩步攀升直到收盤。

從時間比來看，強勢特徵的持續時間多於弱勢特徵，表示多方力量占有一定優勢。結合股價當前處於低位來看，短期上漲機率較大，投資者可以適當抄底買進。

早盤沖高後高點下移

早盤既是全天交易的開始，也是多空力量強弱對比發生改變的預演階段。透過早盤的分時圖，可以初步預測個股的全天走勢，並結合短期走勢，及時把握轉向點的買賣訊號。

在早盤階段，有4種分時圖形態最常見：早盤沖高後轉弱、早盤沖高後

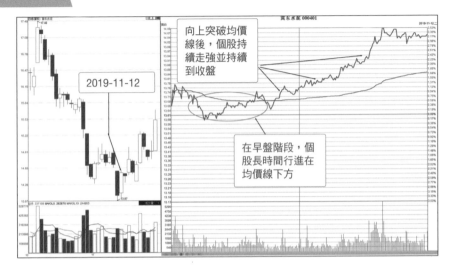

圖8-7 冀東水泥2019年11月12日分時圖

延續強勢、早盤跳水後延續弱勢、早盤跳水後快速轉強。接下來，我們結合案例，看看如何利用早盤形態預測個股的行進趨勢。

早盤沖高後高點下移是由強轉弱的形態，常出現在短線沖高走勢中，預告短期回落走勢即將展開。其特徵是：早盤階段先出現一波強勢的大幅度上揚，隨後股價震盪回落，在多次震盪反彈中，高點呈現下行狀態，即高點下移。

這種盤面形態是買盤後續跟進力道不足、市場賣壓不斷加重的訊號，隨後的盤中走勢易跌難漲。在實際操作中，投資者可以在均價線上方的反彈波段中，賣股出場。

圖8-8為南山控股2019年9月5日的分時圖。個股在短期大漲後的高點，出現早盤沖高後高點下移的分時圖形態，表示短期走勢由強轉弱，應逢高賣出。

早盤沖高後延續強勢

早盤沖高後延續強勢是指，個股在早盤階段出現流暢上揚的分時線，

圖8-8　南山控股2019年9月5日分時圖

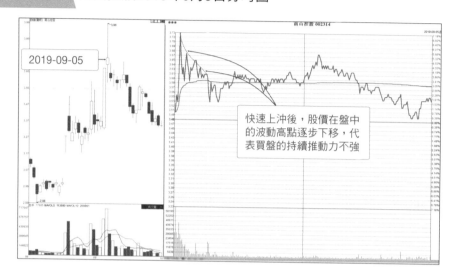

快速上沖後，股價在盤中的波動高點逐步下移，代表買盤的持續推動力不強

隨後能穩穩站於盤中高點，而且以均價線為支撐，強勢行進至收盤。這是多方力量全天保持優勢的盤面形態，當出現在短期低點時，大多預告一波反彈行情即將出現。

圖8-9（見下頁）為濰柴動力2019年10月10日的分時圖。在早盤階段，分時線流暢上揚，且分時量同步放大，是資金積極進場、上攻動能充足的強勢盤面特徵。隨後，個股繼續保持強勢，雖然途中暫時跌破均價線，但持續時間很短，且在尾盤再度轉強。

從上述這種分時圖形態，再加上當日股價處於低點，可以預測隨後出現反彈上漲走勢的機率較大，宜適當抄底買進。

▎早盤跳水後持續走弱

早盤跳水後持續走弱是指，個股在早盤階段出現深幅跳水形態（可以是開高跳水，也可以是開平或開低跳水），隨後弱勢特徵沒有轉變，股價一直在均價線下方波動並持續到收盤，收盤價接近當日最低價。這種盤面形態是空方力量占據主導地位的標誌，通常代表個股在短期內仍有下跌空間。

圖8-9　濰柴動力2019年10月10日分時圖

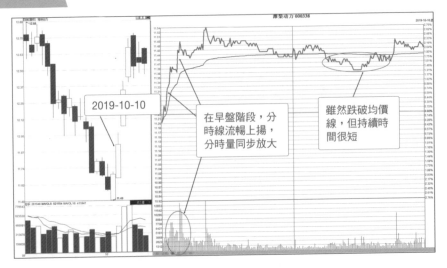

図8-10為輝煌科技2019年9月20日的分時圖。個股在早盤階段開高走低，持續弱勢行進至收盤，再加上當日股價處於短期大漲後的高點，是獲利賣壓沉重、多方無力推升股價的訊號，應賣出以規避風險。

▌早盤跳水後快速轉強

早盤跳水後快速轉強是由弱轉強的盤面形態，其特徵是：個股在早盤階段出現跳水形態（多為開低跳水或開平跳水），但在盤中低點停留的時間很短，股價走勢隨即轉強並收復失地，此後也保持強勢至收盤，收盤價接近當日最高價。這種盤面形態代表多方力量開始轉強，常出現在短期大跌後的低點，是階段反轉的訊號之一。

圖8-11為紅陽能源2019年11月18日的分時圖。個股出現早盤跳水後快速轉強的分時圖形態，結合當日股價處於中短期大跌後的低點來看，是多方承接力量轉強的短線反轉訊號，投資者可以適當抄底進場。

圖8-10 輝煌科技2019年9月20日分時圖

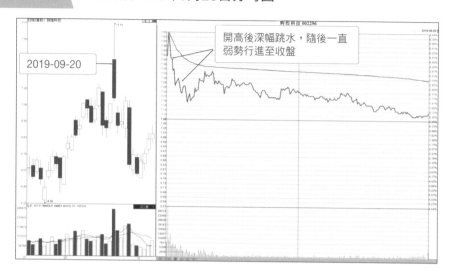

開高後深幅跳水，隨後一直
弱勢行進至收盤

圖8-11 紅陽能源2019年11月18日分時圖

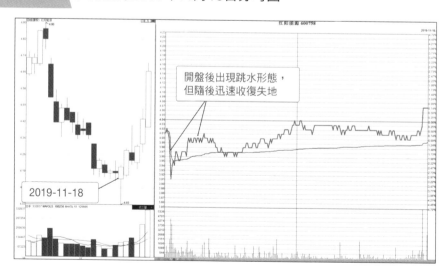

開盤後出現跳水形態，
但隨後迅速收復失地

8-3

為了抓對盤面買進時機，
該如何活用多種角度線？

　　角度線占據江恩理論的核心地位，不僅如前文所述，可以用在日K線圖中，而且在分時圖也同樣有用武之地。本節及下一節要講解，如何結合江恩角度線預測盤面波動，把握短線方向。

▌3×1角度線的漲勢支撐延續

　　在日K線圖中，1×1與2×1角度線最具有中短線實用性，但是對於展示個股全天走勢的分時圖來說，3×1角度線更為實用。其原因在於，1×1角度線相對陡峭，很難在分時圖中從開盤延續到收盤，即使出現這種形態，也會使當日漲幅過大，短線進場有追漲風險。

　　相反地，3×1角度線很適用於分時圖，即使延續至收盤，漲幅也不會過大，能幫助我們做出買賣決定。若個股在全天走勢中能以3×1角度線為支撐，從開盤時的低點穩健上漲，則表示多方力量占據主導地位，空方賣壓較輕，隨後幾日上漲的機率較大。

　　圖8-12為中南建設2019年9月4日的分時圖。個股的全天走勢以3×1角度線為支撐，再加上個股當日處於低位震盪區的回落低點，研判為多方明顯轉強、空方賣壓較輕，是一波反彈上漲走勢即將出現的訊號。

▌強勢波動軌跡支撐買點

　　對於盤中走勢強勁的個股來說，行進狀態往往會在「強勁上揚」 與

圖8-12 中南建設2019年9月4日分時圖

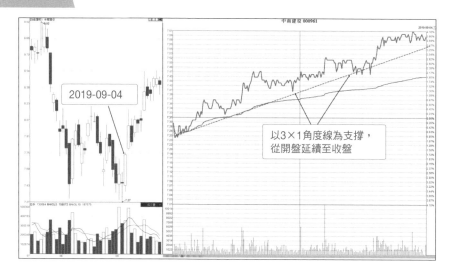

2019-09-04

以3×1角度線為支撐，
從開盤延續至收盤

「回檔盤整」之間來回切換，此時可以借助不同角度線的支撐與壓力作用，來把握高賣低買的時機。

以開盤後幾分鐘內的均價為起點，畫出向上的1×1、2×1、3×1角度線。當股價位於1×1與2×1角度線之間，是強勁上揚階段，上方的1×1角度線是壓力位，下方的2×1角度線是支撐位。當股價經過持續回檔而進入2×1與3×1角度線之間，是回檔盤整階段，上方的2×1角度線是壓力位，下方的3×1角度線是支撐位。

在實際操作中，當股價持續回落接近3×1角度線，是強勢股的盤中進場時機；當股價快速上揚接近1×1角度線，則是盤中逢高賣出的時機。當然，對於強勢股來說，如果日K線圖顯示股價正處於中短期低位，且反彈空間較大，投資者可以繼續持有。

圖8-13（見下頁）為景峰醫藥2019年10月22日的分時圖。當日的個股走勢較強勁，午盤後股價快速上沖至1×1角度線附近時，遇到壓力後回落，臨近收盤時，股價回落至3×1角度線附近，再結合日K線圖中股價的位置來看，反彈空間較充裕，是盤中進場時機。

圖8-13 景峰醫藥2019年10月22日分時圖

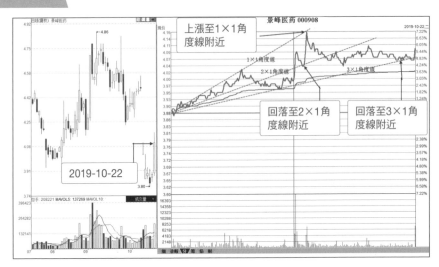

午盤2×1角度線支撐買點

午盤2×1角度線支撐買點形態是指，個股在午市開盤後強勢上揚，行進於1×1角度線上方，隨後股價漲勢放緩，出現回檔盤整走勢，當股價靠近2×1角度線附近時，通常會遇到強支撐並再度向上。

個股之所以能以較陡峭的2×1角度線為支撐點，是因為從午市啟動至收盤的這段時間相對較短。

圖8-14為大亞聖象2019年1月21日的分時圖。個股在早盤階段穩健行進在均價線上方，是多方力量占優勢的標誌，但優勢並不明顯。

午市開盤後，個股出現流暢上揚的分時形態，以午市啟動點為原點畫出向上的1×1和2×1角度線，發現強勢上揚波段行進在1×1角度線上方。當股價回落至兩線之間，2×1角度線構成強支撐，這個支撐點可看作是在午市強勢啟動後，股價回檔確認的進場時機。

圖8-14　大亞聖象2019年1月21日分時圖

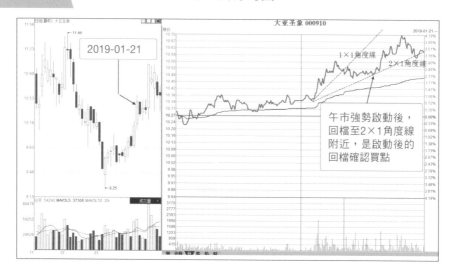

早盤震盪3×1角度線支撐買點

　　對於盤中走勢強勢，卻沒有出現流暢上揚分時線的個股來說，股價會在1×1與3×1角度線之間波動。在股價向上觸及1×1角度線後，會遇到壓制並持續回落；當價格位於3×1角度線附近，會遇到強支撐，價格有望再度震盪上升，是買進時機。

　　圖8-15（見下頁）為重藥控股2019年8月15日的分時圖。個股在早盤階段開低，但開盤後就震盪上揚且相對強勢，在盤中於1×1與3×1角度線之間波動，表示多方力量占據主動地位。當股價回落至3×1角度線附近，就是較強的支撐買點，結合當日股價處於中短期低點來看，個股有一定的反彈空間。

早盤沖高4×1角度線支撐買點

　　在早盤階段，個股強勢上揚且幅度較大，隨後於盤中高位行進。在強勢

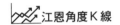

圖8-15　重藥控股2019年8月15日分時圖

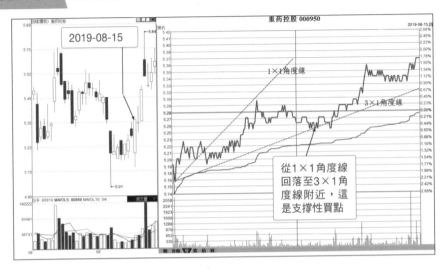

拉升過程中，股價位於1×1角度線上方，隨後的高位橫向盤整使股價進入1×1與2×1角度線之間。如果個股沒有進入漲停板的極端強勢格局，由於2×1角度線附近的股價距離均價線較遠，且個股的回檔盤整時間尚短，因此難以形成較強的支撐買點。

4×1角度線則不同，它的支撐買點出現在午市之後。個股已在盤中高位經歷長時間的回檔盤整，獲利賣壓得到充分釋放。因此，當股價回落至4×1角度線附近時，將獲得強支撐，是買進時機。

圖8-16為山大華特2019年8月12日的分時圖。個股在早盤階段出現兩波強勢上揚走勢，且漲幅較大，隨後橫向盤整。午盤後，股價接近4×1角度線，獲得強支撐。結合當日股價位於日K線圖的低點來看，一波反彈行情有望展開，是短線進場時機。

圖8-17為電廣傳媒2019年2月13日的分時圖。相較於上個案例，個股在早盤階段的上揚幅度更大，隨後的盤中橫向盤整時間更長，當股價回落至4×1角度線附近時，是較好的盤中買進時機。

圖8-16 山大華特2019年8月12日分時圖

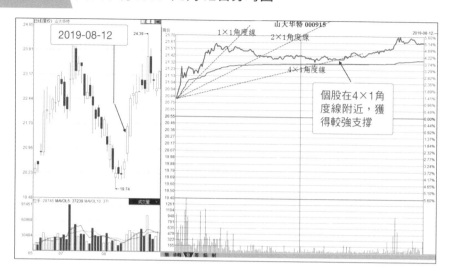

圖8-17 電廣傳媒2019年2月13日分時圖

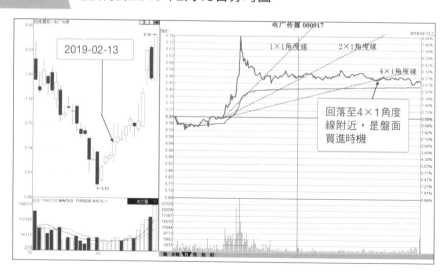

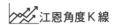

| 圖8-18 | 中國重汽2019年10月24日分時圖 |

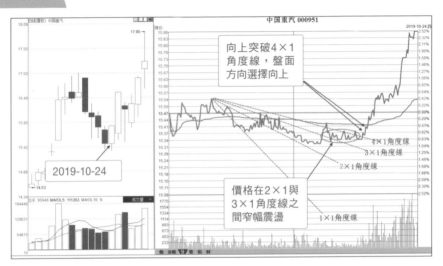

震盪後反轉突破4×1角度線買點

在個股由長時間的弱勢格局轉向強勢格局的過程中，傾斜向下的4×1角度線有重要作用。一般來說，如果價格在3×1與4×1角度線之間長時間波動後，向上突破4×1角度線，就表示股價走勢開始轉向強勢格局，多方力量開始變強，走勢由跌轉升，是盤中突破點的買進訊號。

圖8-18為中國重汽2019年10月24日的分時圖。個股在早盤階段震盪下移，基於下移前的高點，可以畫出向下的4條角度線，分別為1×1、2×1、3×1和4×1角度線。午盤後，股價在3×1與4×1角度線之間窄幅震盪，是盤中方向面臨選擇的訊號，隨後，股價向上突破4×1角度線，預告多方力量開始轉強。

結合日K線圖中個股正處於短期回落低點，可以知道多方力量有望進一步增強，並推動個股上漲，出現反彈行情的機率較大。當日股價突破4×1角度線時，就是較好的短線進場時機。

8-4

不想錯失盤面賣出時機，這4招角度線用法必學！

本節中，我們繼續結合實例，講解角度線所提示的盤面賣出時機。

▌3×1角度線的壓制延續跌勢

若個股受到3×1角度線的壓力而不斷下行，表示空方力量占據主導地位，多方承接力量較弱，預告隨後幾日下跌的機率較大。

圖8-19（見下頁）為健民集團2019年9月6日的分時圖。個股在全天行進中受到3×1角度線壓制，雖然臨近收盤時出現一波反彈上揚走勢並突破此線，但無法改變全天弱勢格局。再加上當日個股處於中短期上漲後的高點，判斷為賣盤不斷湧出、多方承接力道減弱的訊號，預告隨後的下跌行情，持股者應及時賣出以規避風險。

▌3×1角度線的強壓力位

開盤後，個股不斷下行且跌幅較大，以開盤後幾分鐘內的均價為起點，畫出向下的1×1、2×1、3×1角度線。如果在早盤階段，股價在1×1與2×1角度線之間行進，則2×1角度線為第一壓力位，3×1角度線為強壓力位。在實際操作中，結合個股的早盤行進情況，3×1角度線附近是較好的反彈賣出點。

圖8-20（見下頁）為紫光股份2019年9月10日的分時圖。個股在早盤階段放量下跌，且跌幅較大。隨後，個股雖然回升，但量能較小。一般來說，

圖8-19	健民集團2019年9月6日分時圖

圖8-20	紫光股份2019年9月10日分時圖

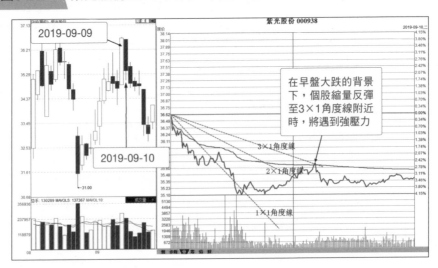

圖8-21　南天信息2019年9月7日分時圖

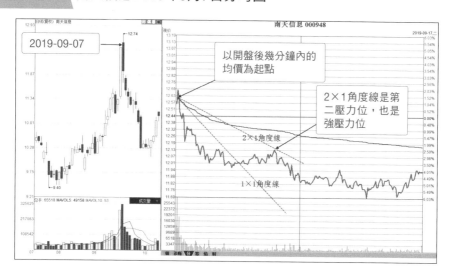

盤中的縮量回升波段可以定調為反彈，股價很難向上突破3×1角度線。當個股在午盤後反彈至3×1角度線附近，會因賣壓增強而再度回落，此位置是中短期相對明確的反彈賣出點。

2×1角度線的強壓力位

　　如果早盤的下跌趨勢較陡峭，則在多數時間中，股價會行進於1×1角度線下方。如此一來，1×1角度線構成價格反彈的第一壓力位，2×1角度線構成第二壓力位，也是強壓力位。

　　這個形態與上面講解的「3×1角度線的強壓力位」相似，都是股價在反彈至第二壓力位時會遇到強壓力。當這種盤面形態出現在短期大漲後的高點，往往是一波大幅下跌走勢即將出現的訊號。在實際操作中，投資者應及時趁反彈賣股出場。

　　圖8-21為南天信息2019年9月7日的分時圖。以開盤後幾分鐘內的均價為起點，向下畫出1×1、2×1角度線。在早盤階段，當股價接觸2×1角度線，雖然反彈幅度不大，卻是強壓力位，再加上個股處於中短期高點，可以研判

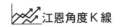
圖8-22	新鄉化纖2019年8月15日分時圖

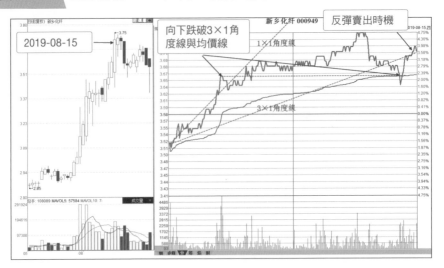

是反彈賣出時機。

尾盤破3×1角度線的轉向

如果個股在全天行進中呈現震盪上揚，且距離3×1角度線較遠，則表示3×1角度線將是股價盤中回落的強支撐點。在尾盤階段，若股價持續回落，並跌破3×1角度線，表示尾盤的多空力量強弱對比快速轉變。當這種局面出現在短期大漲後的高點，表示隨後下跌的機率較大，應規避高位風險。

圖8-22為新鄉化纖2019年8月15日的分時圖。個股在盤中呈強勢格局，價格遠離3×1角度線，但在尾盤階段強勢格局被打破，連續兩波回落使股價接連跌破3×1角度線與均價線。再加上個股當日處於短期大漲後的高點，在實際操作中，投資者應規避高位風險，把握反彈賣出時機。

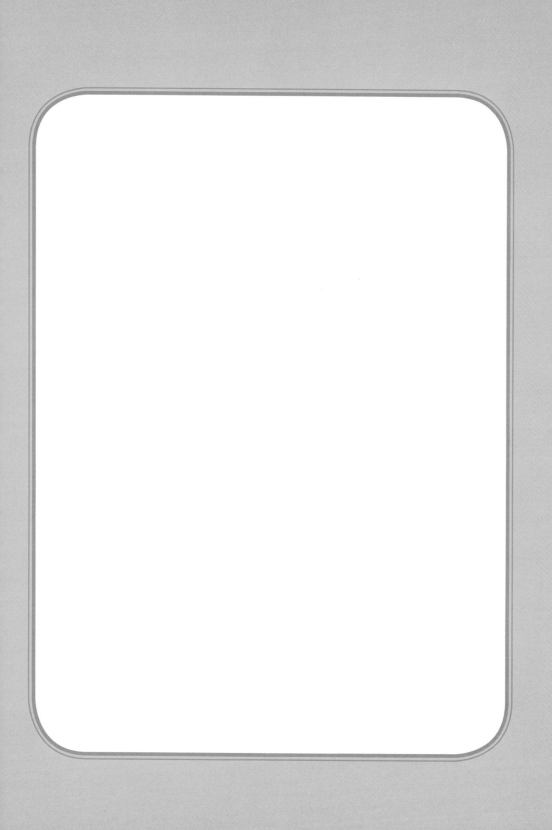

國家圖書館出版品預行編目 (CIP) 資料

江恩角度K線：華爾街交易成功率90%的投資傳奇，用166張K線圖教你看出支撐
與壓力，抓住波段買賣點，暴賺5000萬美元！／楊金著
--初版.--新北市：大樂文化有限公司，2022.01
256面；17×23公分 . --（MONEY；35）

ISBN：978-986-5564-74-2（平裝）
1. 股票投資 2. 投資技術 3. 投資分析
563.53   110021873

Money 035

江恩角度K線

華爾街交易成功率90%的投資傳奇，用166張K線圖教你看出支撐與壓力，
抓住波段買賣點，暴賺5000萬美元！

作　　者／楊　金
封面設計／蕭壽佳
內頁排版／蔡育涵
責任編輯／林雅庭
主　　編／皮海屏
發行專員／鄭羽希
財務經理／陳碧蘭
發行經理／高世權、呂和儒
總編輯、總經理／蔡連壽
出 版 者／大樂文化有限公司（優渥誌）
　　　　　地址：220 新北市板橋區文化路一段 268 號 18 樓 之 1
　　　　　電話：（02）2258-3656
　　　　　傳真：（02）2258-3660
　　　　　詢問購書相關資訊請洽：（02）2258-3656
　　　　　郵政劃撥帳號／50211045　戶名／大樂文化有限公司

香港發行／豐達出版發行有限公司
地址：香港柴灣永泰道 70 號柴灣工業城 2 期 1805 室
電話：852-2172 6513　傳真：852-2172 4355

法律顧問／第一國際法律事務所余淑杏律師
印　　刷／韋懋實業有限公司

出版日期／2022年01月20日
定　　價／350元（缺頁或損毀的書，請寄回更換）
Ｉ Ｓ Ｂ Ｎ　978-986-5564-74-2